Renato de Sá

211
LEVADAS RÍTMICAS

PARA VIOLÃO, PIANO E
OUTROS INSTRUMENTOS DE
ACOMPANHAMENTO

Nº Cat.: 361-M

Irmãos Vitale S.A. Indústria e Comércio
www.vitale.com.br
Rua França Pinto, 42   Vila Mariana   São Paulo   SP
CEP: 04016-000 Tel.: 11 5081-9499 Fax: 11 5574-7388

© Copyright 2002 by Irmãos Vitale S.A. Ind. e Com. - São Paulo - Brasil
Todos os direitos autorais reservados para todos os países. *All rights reserved.*

CIP-BRASIL CATALOGAÇÃO NA FONTE
SINDICATO NACIONAL DOS EDITORES DE LIVROS, RJ

S115d

Sá, Renato de, 1969
211 levadas rítmicas : para violão e outros instrumentos
de acompanhamento
Renato de Sá, -
São Paulo : Irmãos Vitale, 2002
68p. : il., Principalmente musica :

ISBN-85-7407-157-9
ISBN-978-85-7407-157-2

1. Música para violão
2. Música para instrumento de teclado
3. Partituras

CDD-786
CDU-786

02-1899

23.10.02   *24.10.02*   *002013*

Apresentação

Durante os longos anos de aprendizado como instrumentista, pude constatar que uma das maiores dificuldades do processo de estudo consiste no aspecto do acompanhamento rítmico. Fica o aluno quase sempre reduzido a um pequeno número de convenções rítmicas, geralmente simplificadas e repetidas a exaustão, muitas vezes aplicadas sem critério a algumas músicas.

Se nos últimos anos temos acompanhado uma considerável evolução no que tange ao material didático voltado à Música Popular, constatamos porém que a mesma não se estendeu à área do acompanhamento. Em que pese a enorme quantidade de "songbooks" que vemos surgir atualmente, raros são os que além da Linha Melódica e da Cifra, nos oferecem também a "Levada" que deve ser aplicada sobre a música a ser executada.

Com essa preocupação, agrupei no presente Método, 211 Levadas Rítmicas. Um pequeno grupo, escolhido com dificuldade dentre os mais de 2.000 exemplos que recolhi durante os anos de experiência como professor. Procurei abranger um ambiente musical diversificado, onde as manifestações musicais mais conhecidas pudessem estar representadas. Embora alguns ritmos – como o Samba, por exemplo – possuam uma enorme quantidade de variações na sua execução, procurei ater-me aos exemplos mais comuns e tradicionais.

Enquanto essas variações e outra grande quantidade de novas "Levadas" aguardam um 2º volume, espero estar contribuindo com este trabalho para o preenchimento de uma lacuna na didática musical voltada ao repertório popular.

O Autor

ÍNDICE

Introdução: Guia de Aplicação do Método 7

Capítulo 1 – Samba e ritmos derivados

Afro – samba 14
Bossa nova 15
Bossa nova em ¾ 18
Chorinho 16
Maxixe 17
Pagode 15
Partido alto 14
Samba - canção 15
Samba - lento 15
Samba de roda 13
Samba em ¾ 18
Samba em 7 19
Samba rural 17
Samba tradicional 13
Samba-choro 16
Samba-enredo 14
Samba-rock 17

Capítulo 2 – Ritmos urbanos

Brega 23
Canção Romântica 22
Cantiga de ninar em ¾ 22
Marcha 21
Marcha – rancho 21
Marchinha 20
Marchinha tipo Zé Pereira 21
Toada – canção / Modinha 21

Capítulo 3 – Ritmos nordestinos

Axé 28
Baião 24
Côco nordestino 27
Forró 26
Frevo 27
Maracatu 28
Xaxado 26
Xote 25

Capítulo 4 – Ritmos regionais

Balaio 35
Batuque 34
Boi-bumbá da Amazônia 36
Calango de Minas 35
Cana verde 31
Capoeira 35
Carimbo 36
Cateretê 32
Chula do Rio Grande do Sul 36
Chula gaúcha em ¾ 37
Côco 32
Côco de roda 33
Cururu 32
Folia de reis 31
Jongo 34
Maculelê 33
Toada sertaneja 30

Capítulo 5 – Rock e Pop

Balada anos 50 39
Balada pop 48
Country 43
Reaggae 47
Rock anos 60 42
Rock brasileiro 43
Rock'n'roll 41

Capítulo 6 – Ritmos norte americanos

Blues 49
Charleston 54
Funk 54
Jazz 50
Soul 52
Twist 55

Capítulo 7 – Ritmos latinos

Beguine 57
Bolero 56
Carnavalito 61
Chacarera 60
Cha-cha-cha 57
Conga 58
Cueca 60
Guarânia 59
Habanera 57
Merengue 57
Milonga 61
Montuno 58
Rumba 58
Salsa 58
Tango 59
Valseado Venezuelano 61
Zamba 60

Capítulo 8 – Ritmos europeus

Chanson 66
Fado 66
Flamenco 65
Mazurka 64
Polka 64
Schottish 65
Tarantela 66
Valsa 63
Vira 67

GUIA DE CONVENÇÕES RÍTMICAS

Introdução

Antes de iniciarmos o estudo das Convenções Rítmicas, algumas observações se fazem necessárias no sentido de esclarecer nomenclaturas específicas a respeito da Grafia Rítmica.

1. PADRÕES RÍTMICOS: Dizem respeito a particularidades da execução nem sempre descritas pela Grafia. Vejamos as duas mais conhecidas:

a) Padrão Sincopado: Define que determinadas execuções ocorridas em Tempos Fracos do Compasso, devem prolongar-se até o Tempo Forte a seguir, mesmo que às vezes isso não apareça explícito na Convenção escrita. Vejamos o exemplo a seguir:

Maxixe (Levada Tradicional)

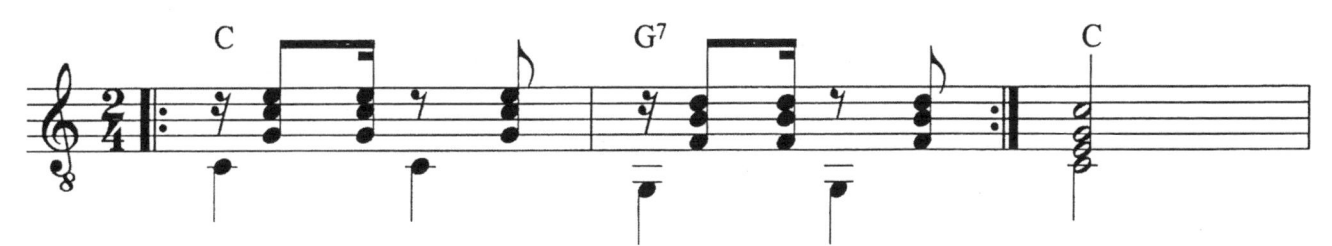

Caso tivéssemos a indicação de que essa Levada deve ser executada com Padrão Sincopado, ela na prática não teria as Pausas que estão anotadas sobre o 2º Tempo do Compasso, e sim um prolongamento dos Sons executados sobre os Contratempos (Tempos Fracos) anteriores, ficando na verdade como aparece descrito a seguir:

Maxixe (Levada Tradicional)

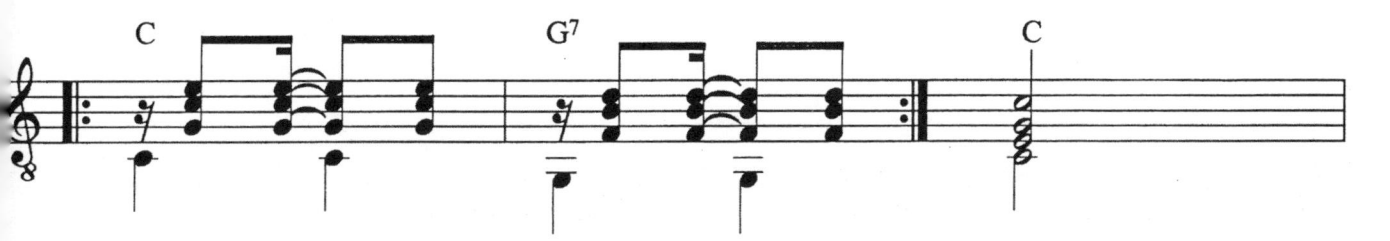

A Pausa ocorrente sobre o 1º Tempo, mantêm-se em função da Troca de Acordes ali presente, embora em cassos onde um mesmo Acorde permaneça por mais de 1 Compasso, a Síncope também possa ocorrer. Vejamos:

Guia de Aplicação do Método

[Exemplo musical: trecho em clave de sol marcado com "C"]

Note-se que em muitos casos, a ocorrência de Ligaduras torna a Leitura mais "poluída". Sendo assim, anota-se a Convenção com as respectivas Pausas, porém com a anotação de Padrão Sincopado, conforme descrito a seguir:

Maxixe (Levada Tradicional)

[Exemplo musical]

Obs.: Executar com Padrão Sincopado

Algumas Convenções podem opcionalmente ser executadas Sincopadas ou não, outras obedecem a uma representação mais específica. Mesmo neste segundo caso, pode o instrumentista tentar alterar o Padrão Rítmico da Execução, uma vez que esse processo constitui em si um princípio de Variação Rítmica. Para quase todos os Ritmos Brasileiros o Padrão é Sincopado, embora não apareça explícito na Grafia.

b) Padrão Tercinado: Corresponde a um Grupo incompleto de Tercinas, onde executamos apenas a 1ª e a 3ª. Conhecido também como Swing, esse Padrão constitui a base Rítmica de praticamente toda a Música Popular Norte-Americana, principalmente a de origem negra. Vejamos:

Blues (Riff Tradicional)

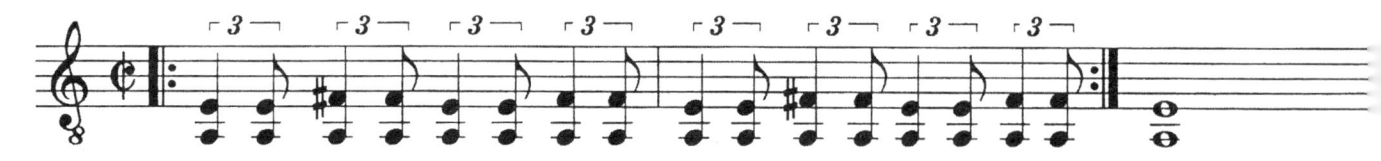

[Exemplo musical com grupos de tercinas]

Embora a Grafia acima descreva com precisão a Divisão da Convenção Rítmica em questão, torna-se ligeiramente "poluída" pelo excesso de Cifras de Tercinas que utiliza. Em função disso, utilizamos uma Grafia bem mais simples para representá-la. Vejamos:

Blues (Riff Tradicional)

[Exemplo musical]

Obs.: Outra possibilidade é a de indicarmos a expressão "executar com Padrão Tercinado".

Gêneros como o Jazz e o Blues, via de regra são executados com esse Padrão, independente de qualquer indicação por extenso, pois na verdade o Swing constitui o Caráter Rítmico desses Gêneros.

Outros Padrões Rítmicos bastante comuns são o Pontuado e o Contratempo. Em ambos não há necessidade de informações adicionais, uma vez que são grafados exatamente como se executam.

Um interessante exercício de Variação Rítmica constitui-se em transpor Convenções de um determinado Padrão para outro. Vejamos os exemplos a seguir:

Maxixe Tercinado

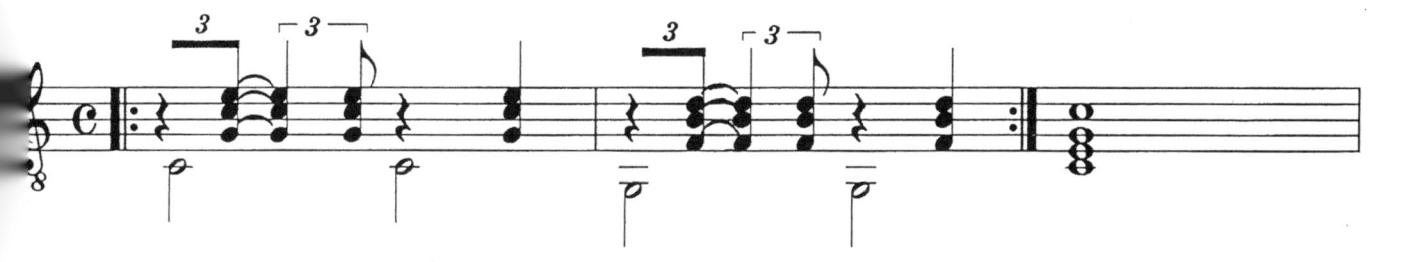

Riff de Blues (com Padrão Sincopado)

2. SINAIS CONVENCIONAIS UTILIZADOS NA GRAFIA RÍTMICA:

a) Acento: Como o próprio nome já diz, indicada uma execução ligeiramente mais forte em relação às demais. Representa-se pelo Sinal >

b) Staccato: Indica uma execução "seca", com o Som sendo interrompido logo após sua emissão. Indicado pelo Sinal ʌ

c) Abafado: Indica uma execução sem Altura definida, com efeito de ruído Percussivo sobre a Harmonia. Torna-se de difícil execução em outros Instrumentos que não os de Corda e é representado pelo Sinal +

d) Legato: Forma de execução mais usual, com os Sons soando livremente (abertos) e durando o equivalente a seu Valor escrito. É representado pelo Sinal ⋄

Deve-se representar essa forma de Articulação apenas em Convenções onde ocorram também Sons Abafados. Vejamos o exemplo a seguir:

Guia de Aplicação do Método

Baião (Levada de Triângulo)

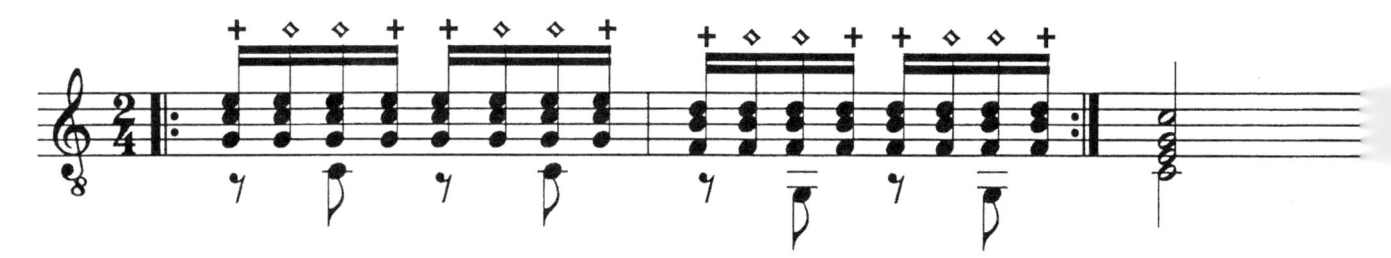

Obs.: Como o Som Aberto (Legato) é norma geral da execução, pode-se inclusive nem representá-lo, indicando apenas as demais formas de Articulação. Sendo assim a Convenção anterior ficaria representada da seguinte maneira:

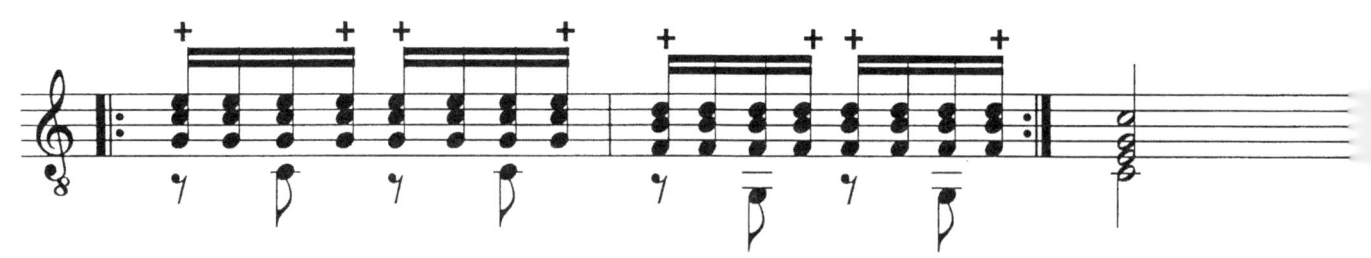

e) Arpejado: Indica uma execução bem rápida sobre o Acorde, fazendo com que as Notas que o compõe soem ligeiramente separadas umas das outras. Representado pelo Sinal 𝄖

f) Arpejos: Execuções "dedilhadas" onde o Acorde tem cada uma de suas Notas executadas individualmente, uma após a outra. É representado pela Escrita normal e necessita da indicação da digitação dos dedos que executam cada Nota.

No caso do Violão esses dedos são: P (Polegar), I (Indicador), M (Médio), A (Anular), todos da mão direita.

Em se tratando de Piano, os dedos são indicados pela ordem de numeração dos mesmos, que é de 1 a 5 em ambas as mãos, a partir do dedo Polegar.

g) Rasgueado: Indica a execução com "Batidas", onde todas as Notas do Acorde são feridas por um único Ataque. Representado por Setas que podem atuar tanto em sentido ascendente quanto descendente.

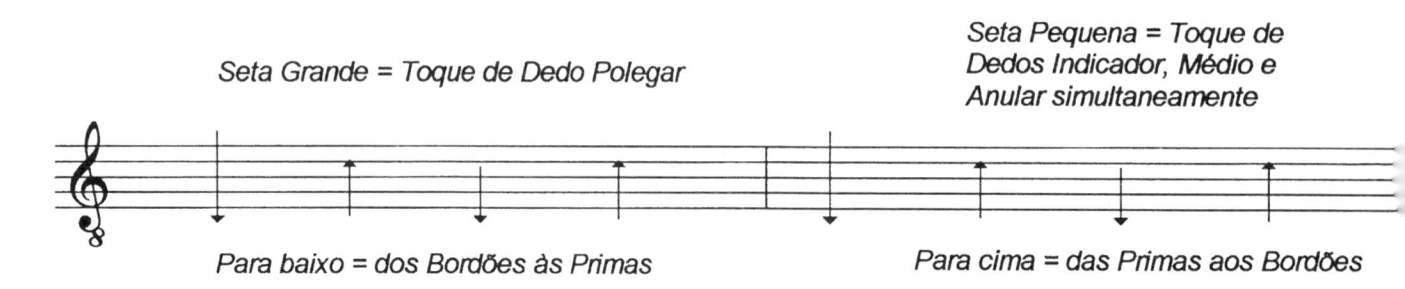

Seta Grande = Toque de Dedo Polegar

Seta Pequena = Toque de Dedos Indicador, Médio e Anular simultaneamente

Para baixo = dos Bordões às Primas

Para cima = das Primas aos Bordões

h) Trêmolo (Rasgueado Rápido): Corresponde a uma execução bastante rápida, semelhante ao "Rufo" (Roll) dos Instrumentos de Percussão. Representado pelo Sinal 𝄞𝄐

3. APLICAÇÃO GERAL DAS CONVENÇÕES RÍTMICAS:
Embora esteja o presente Método graficamente representado para Violão, as Convenções aqui presentes são direcionadas também ao Piano e demais Instrumentos de Cordas dedilhadas. Notamos no seu decorrer 2 formas básicas de Notação Rítmica, as quais descrevemos a seguir:

a) Grafia a 2 Vozes: Especifica separadamente as divisões do Acorde propriamente dito (Hastes para Cima) e de seu Baixo correspondente (Hastes para Baixo). Sua execução ocorre do seguinte modo:

- Violão: Polegar da mão direita sobre os Baixos (Bordões) e demais dedos (i, m, a) em posição de Arpejo sobre o Acorde.

- Piano: Mão esquerda sobre os Baixos e mão direita sobre o Acorde.

- Demais Instrumentos: Um Instrumento como o Cavaquinho, por exemplo, não possui Baixos de Acompanhamento. Nesse caso (e também para outros Instrumentos de Rasgueado), deve-se executar apenas o Ritmo que representa a Divisão dos Acordes, desconsiderando-se os Baixos (exceto, em alguns casos, àqueles que correspondam ao 1º Tempo do Compasso).

Grafia a 2 Vozes (Xote)

1ª Voz = Acorde (Hastes para Cima)

2ª Voz = Baixos (Hastes para Baixo)

b) Pauta Rítmica: Corresponde à representação das Durações de uma determinada Convenção, sem desmembramento Baixo / Acorde. No caso dos Instrumentos de Cordas dedilhadas, executa-se esses padrões através de Rasgueado (Batida), com dedos ou Palheta em movimentos ascendentes e descendentes. Em relação ao Piano, deve o Instrumentista determinar os pontos de apoio dos baixos, uma vez que essa Grafia não é adequada a esse Instrumento

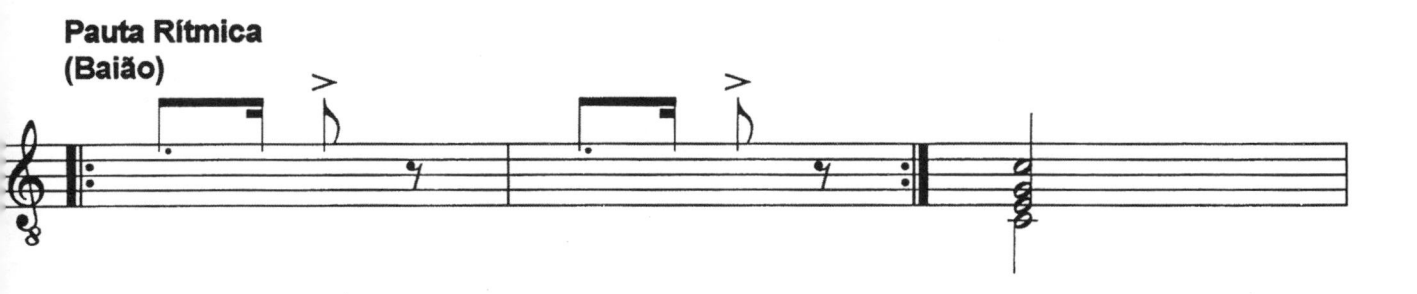

Pauta Rítmica (Baião)

Guia de Aplicação do Método

Obs.: Nesse modo de Grafia, é necessário que se indique o Movimento realizado pela mão direita durante o Rasgueado (no caso dos Instrumentos de Corda). Essa representação é dada pelas Setas abaixo da Convenção Rítmica.

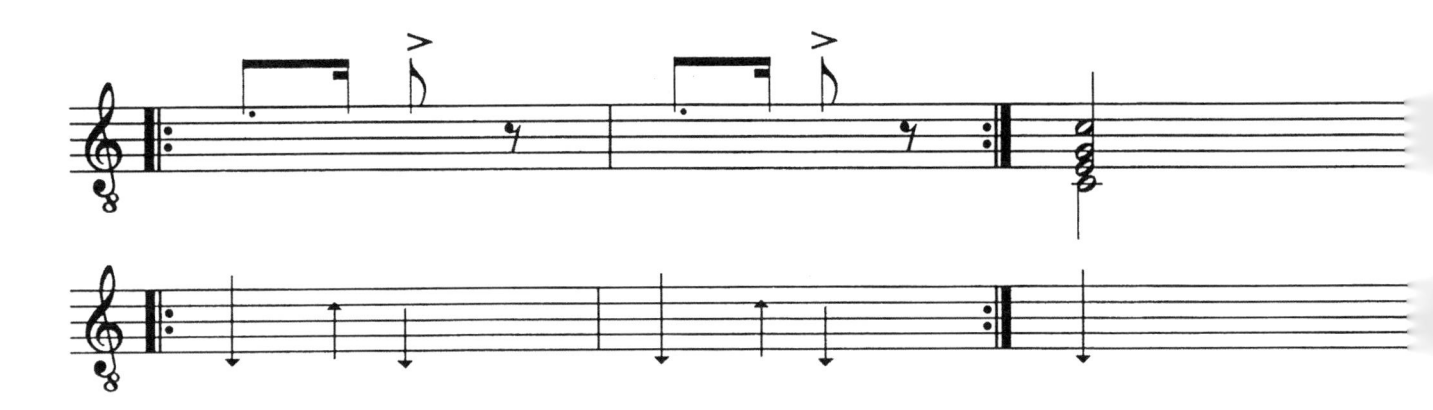

Nota: Os exemplos das Convenções Rítmicas a seguir encontram-se representados sobre os Acordes C e G7, exceto no caso de Gêneros em que a Progressão Harmônica seja determinante do estilo. Nesses casos haverá a indicação da Cifra sobre a Convenção.

Capítulo 1 - Samba e Ritmos derivados

1. SAMBA TRADICIONAL (MM = 92 a 120)

Convenção 1: Samba Tradicional

Convenção 2: Samba Tradicional nº 2

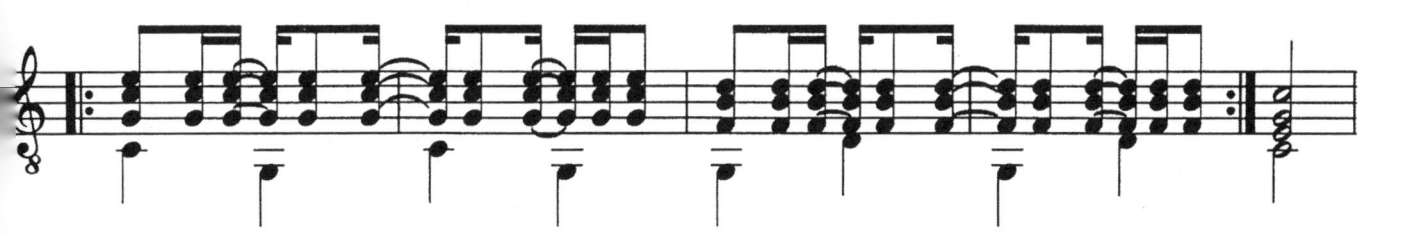

Convenção 3: Samba Tradicional nº 3

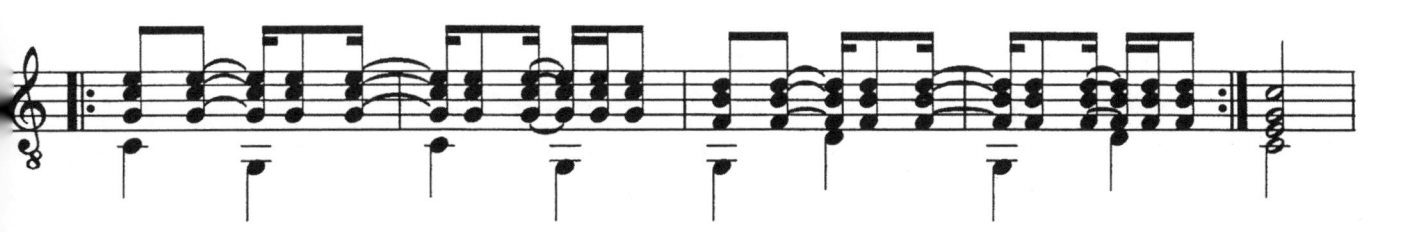

2. SAMBA DE RODA (MM = 112 a 120)

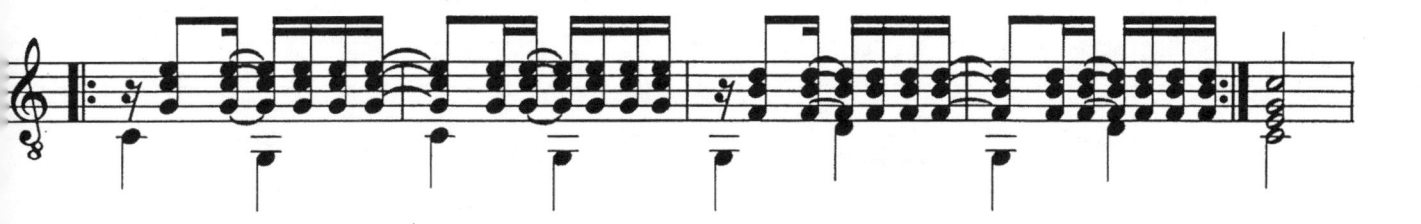

Convenção 1: Levada Tradicional

Levadas Rítmicas

Convenção 2: Levada de Surdo

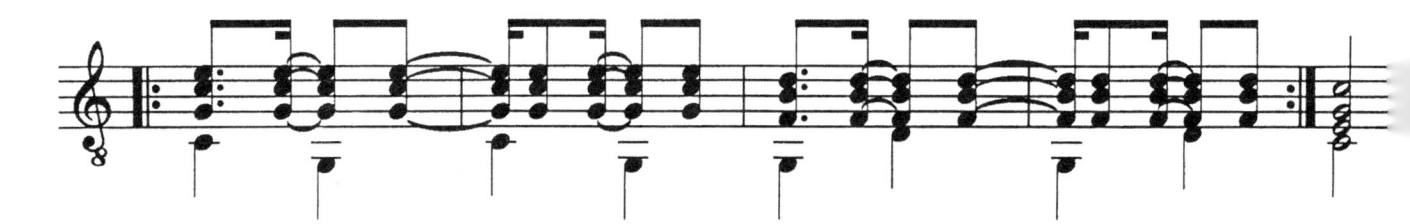

3. SAMBA TRADICIONAL (MM = 120 a 132)

Convenção 1: LevadaTradicional

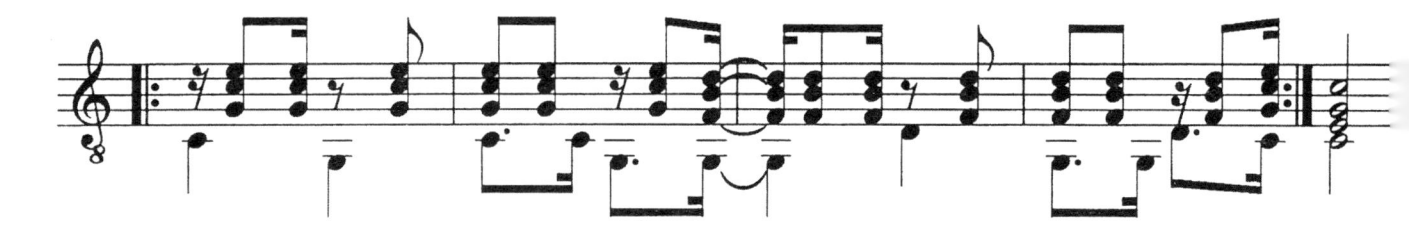

4. PARTIDO ALTO (MM = 88 a 100)

Convenção 1: Levada Tradicional (de Pandeiro)

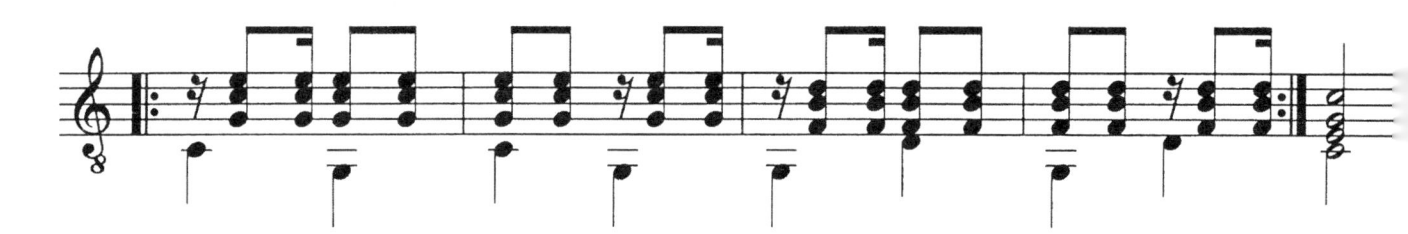

Convenção 2: Levada de Cuíca

5. AFRO SAMBA (MM =92 a 120)

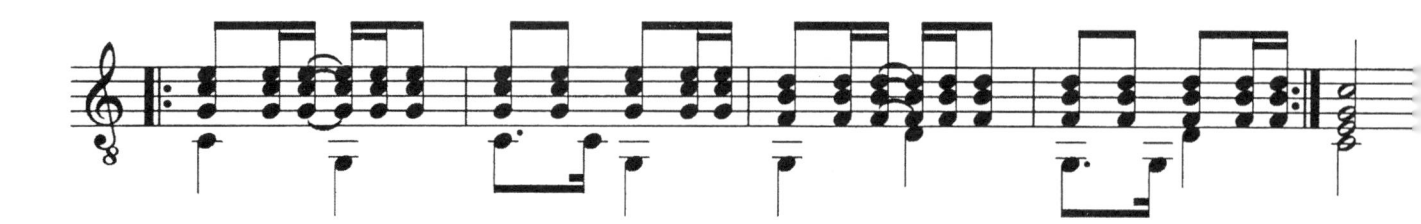

Convenção 1: Levada Tradicional

Levadas Rítmicas

Convenção 2: Levada de Agogô

6. SAMBA-LENTO (MM = 66 a 80)

Convenção 1: Fusão entre Bossa Nova e Samba-Canção

7. SAMBA-CANÇÃO (MM = 56 a 72)

Convenção 1: Levada Tradicional

8. PAGODE (MM = 72 a 100)

Convenção 1: Levada Tradicional

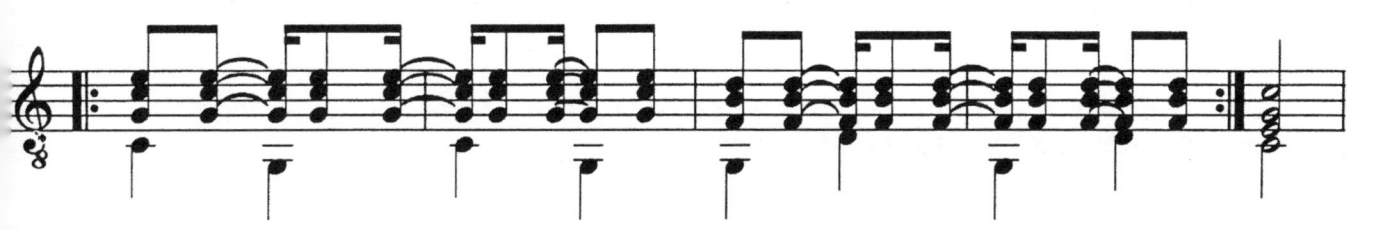

9. BOSSA NOVA (MM = 60 a 80)

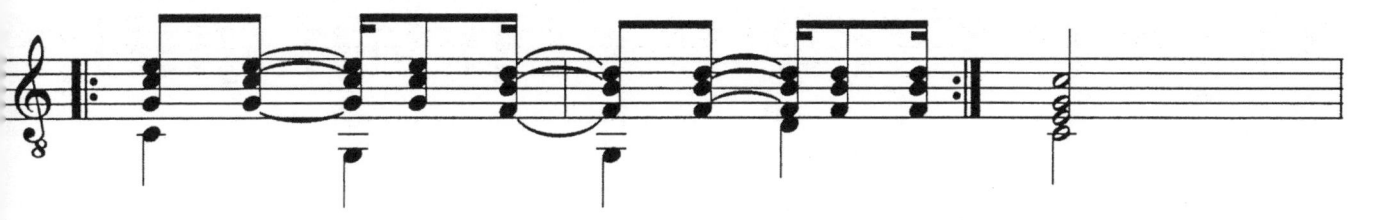

Convenção 1: Levada Tradicional

Levadas Rítmicas

Convenção 2: Levada Tradicional nº 2

Convenção 3: Levada Tradicional para Samba-Bossa

Obs.: Todas as Convenções de Bossa Nova transformam-se em Samba Bossa quando aceleradas.

10. CHORINHO (MM = 112 a 120)

Convenção 1: Levada Tradicional

Convenção 2: Levada Tradicional nº 2

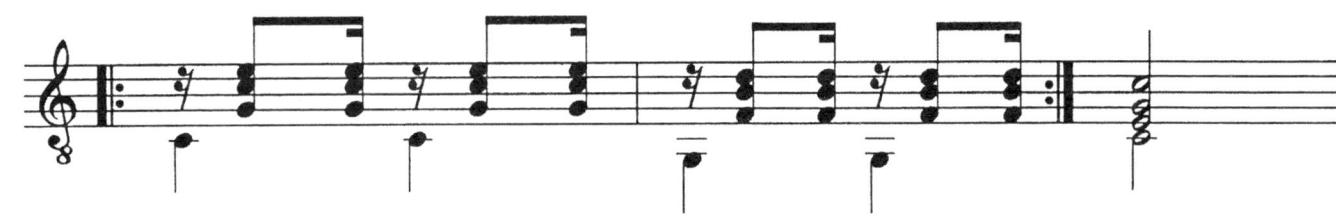

Obs.: Todos os exemplos aqui descritos correspondem à Levada de Chôro-Canção, quando executados em Andamento Lento.

11. SAMBA-CHORO (MM = 92 a 104)

Convenção 1: Levada Tradicional

Levadas Rítmicas

12. MAXIXE (MM = 96 a 108)

Convenção 1: Levada Tradicional

Convenção 2: Levada Tradicional nº 2

13. SAMBA RURAL (MM = 108 a 116)

Convenção 1: Levada Tradicional

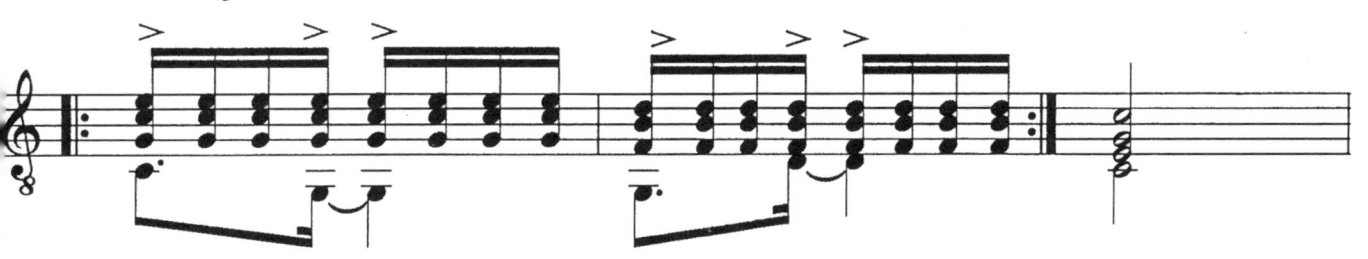

Convenção 2: Levada de Surdo

14. SAMBA-ROCK (MM = 88 a 100)

Convenção 1: Levada Tradicional

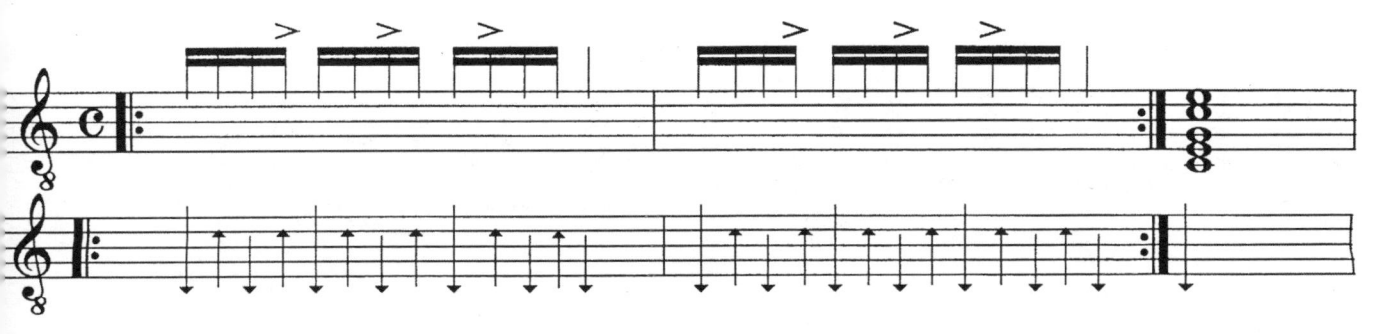

Levadas Rítmicas

Convenção 2: Levada Tradicional nº 2

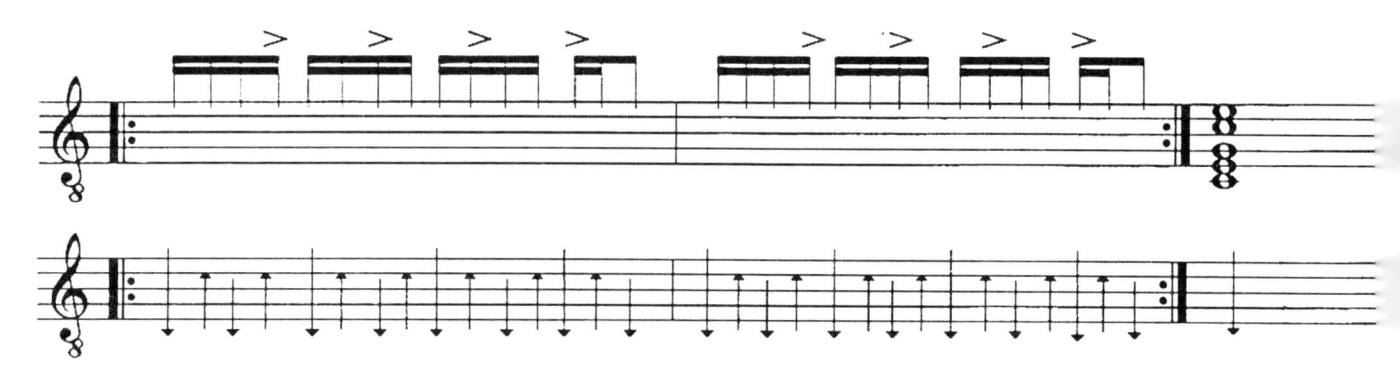

Convenção 3: Levada Tradicional nº 3

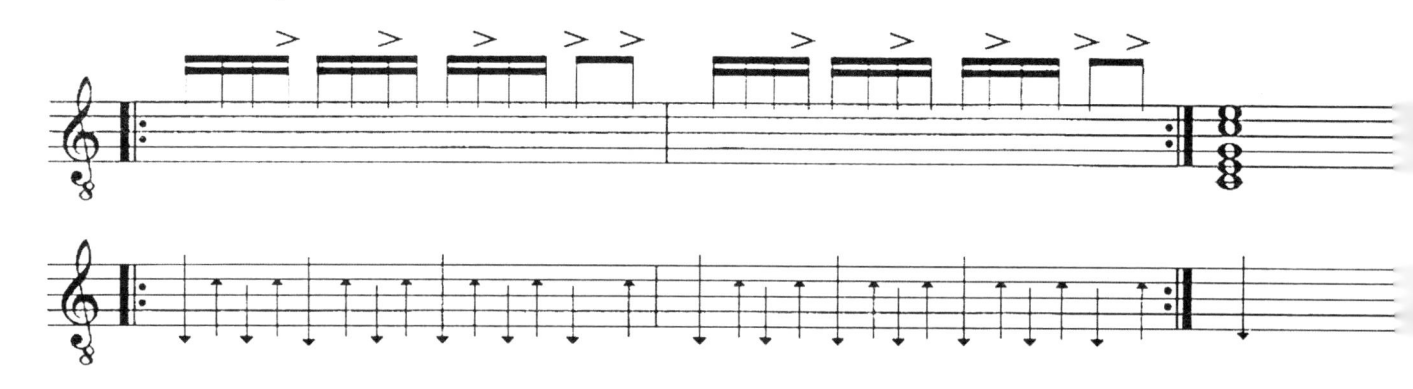

15. SAMBA EM 3 POR 4 (MM = 92 a 120)

Convenção 1: Levada Tradicional

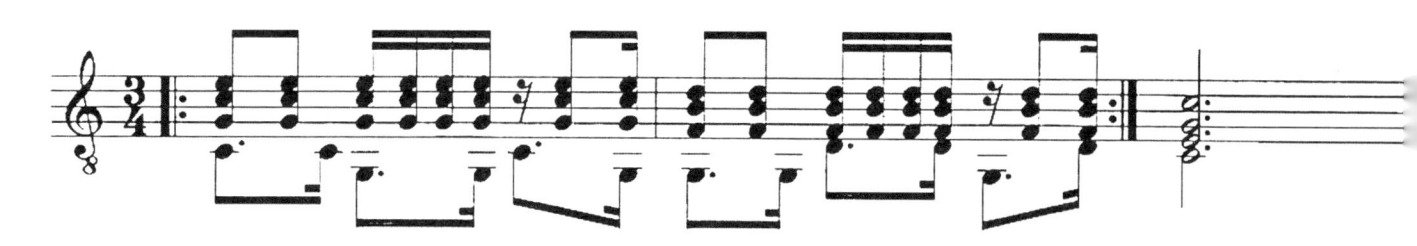

16. BOSSA NOVA EM 3 POR 4 (MM = 60 a 108)

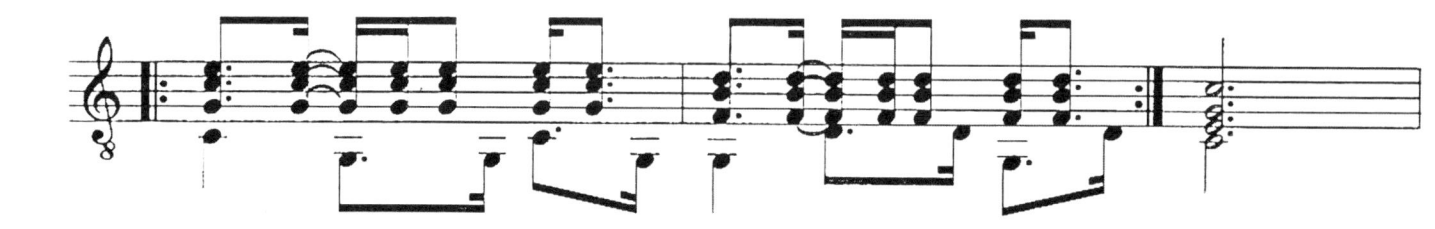

Convenção 1: Levada Tradicional

17. SAMBA EM 7 (MM = 184 a 200)

Convenção 1: Levada Tradicional

SUGESTÕES PARA REPERTÓRIO:

1. **Samba Tradicional:** A Voz do Morro (Zé Ketti) / Aquarela do Brasil (Ary Barroso)
2. **Samba-Chôro:** Conversa de Botequim (Noel Rosa e Vadico)
3. **Afro-Samba:** Berimbau (Baden Powell e Vinícius de Moraes) / Canto de Ossanha (Baden Powell e Vinícius de Moraes)
4. **Samba de Roda:** Quando Eu Contar (Serginho Meriti e Beto Sem Braço)
5. **Partido Alto:** Maior é Deus (Eduardo Gudin e Paulo Cesar Pinheiro)
6. **Samba-Enredo:** Vai Passar (Chico Buarque e Francis Hime) / É Hoje (Didi e Mestrinho)
7. **Samba em 3/4:** Cravo e Canela (Milton Nascimento e Fernando Brant)
8. **Samba-Canção:** Ronda (Paulo Vanzolini) / A Noite do Meu Bem (Dolores Duran)
9. **Samba Rural:** Balagulá (Venâncio e Curumba)
10. **Bossa Nova:** Eu e a Brisa (Johnny Alf) / Corcovado (Tom Jobim)
11. **Samba-Rock:** Que Pena (Jorge Ben) / Gostava Tanto de Você (Edson Trindade)
12. **Pagode:** Canção de Amor (Leandro Lehart e Mali)
13. **Chorinho:** Brasileirinho (Waldyr Azevedo) / Noites Cariocas (Jacob do Bandolim)
14. **Maxixe:** Brejeiro (Ernesto Nazareth)

Capítulo 2 - Ritmos Urbanos

1. MARCHINHA (MM = 126 a 138)

Convenção 1: Levada Tradicional

Convenção 2: Levada Tradicional nº 2

Convenção 3: Levada de Tamborim

Convenção 4: Levada Tradicional com Rasgueado

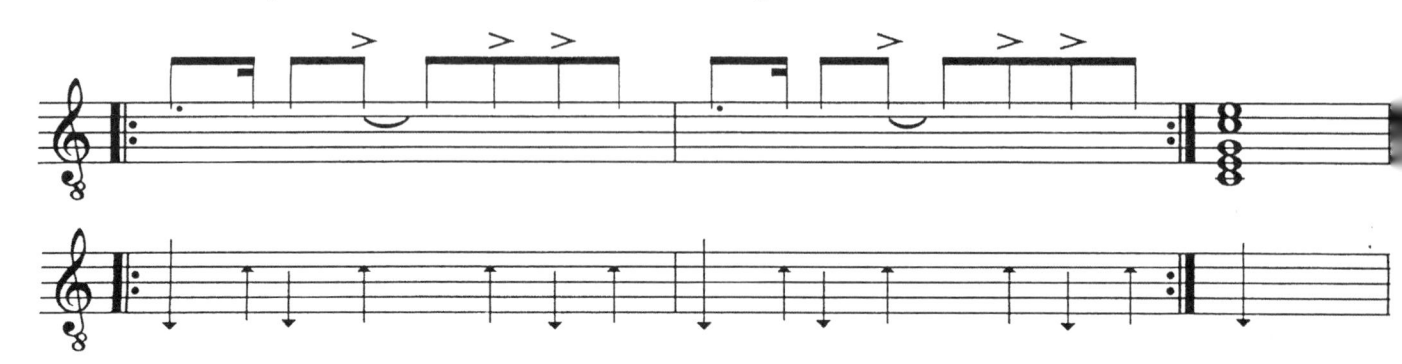

Levadas Rítmicas

2. MARCHA-RANCHO (MM = 76 a 88)

Obs.: Para executar a Marcha-Rancho deve-se reduzir os Andamentos das Levadas descritas no ítem Marchinha (Convenções 1 a 4).

3. MARCHINHA TIPO ZÉ PEREIRA (MM = 116 a 126)

Convenção 1: Levada Tradicional

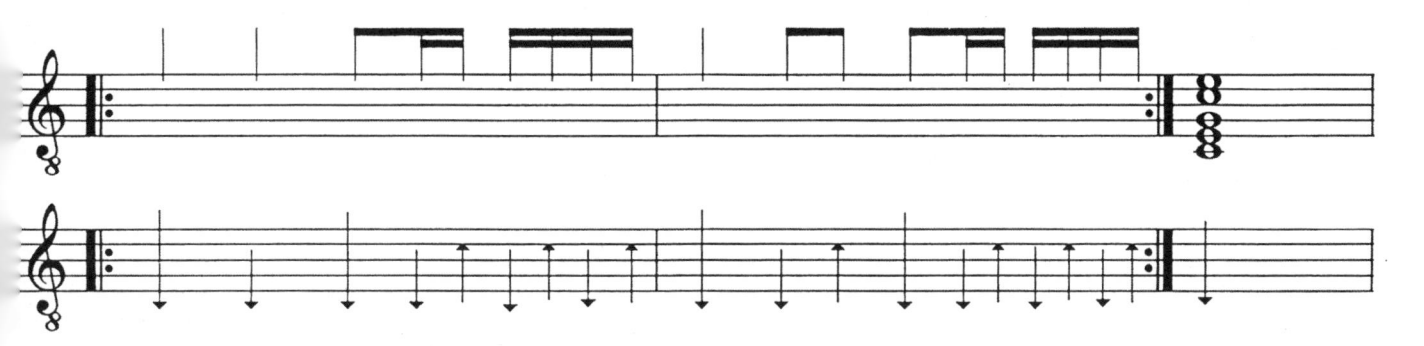

4. MARCHA (MM = 112 a 132)

Convenção 1: Levada Tradicional

5. TOADA-CANÇÃO / MODINHA (MM = 66 a 80)

Convenção 1: Arpejo Tradicional

Convenção 2: Levada Tradicional

Levadas Rítmicas

Convenção 3: Arpejo Tradicional em 4/4

Convenção 4: Modinha Pontuada

Convenção 5: Levada Tradicional com Rasgueado

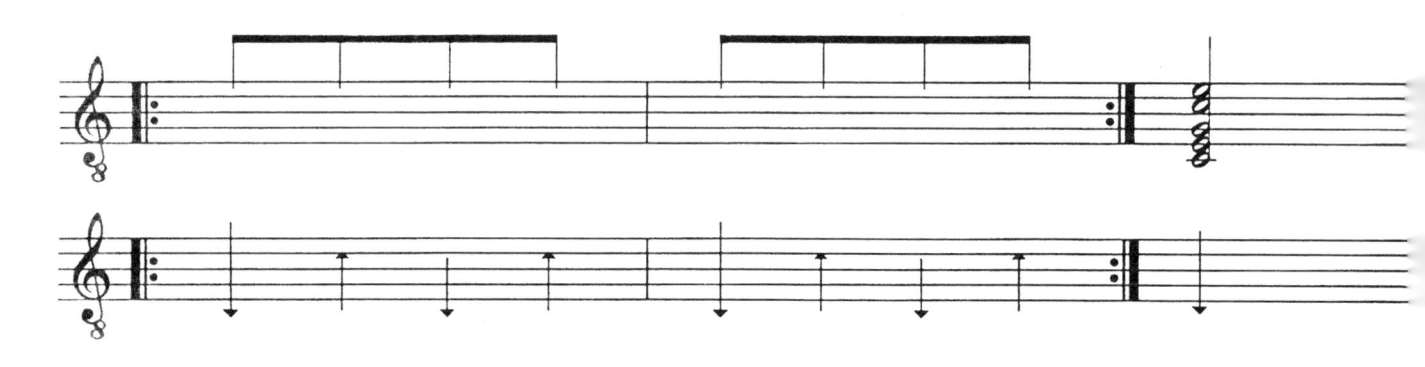

6. CANTIGA DE NINAR EM 3/4 (MM = 66 a 80)

Convenção 1: Levada Tradicional

7. CANÇÃO ROMÂNTICA (MM = 80 a 116)

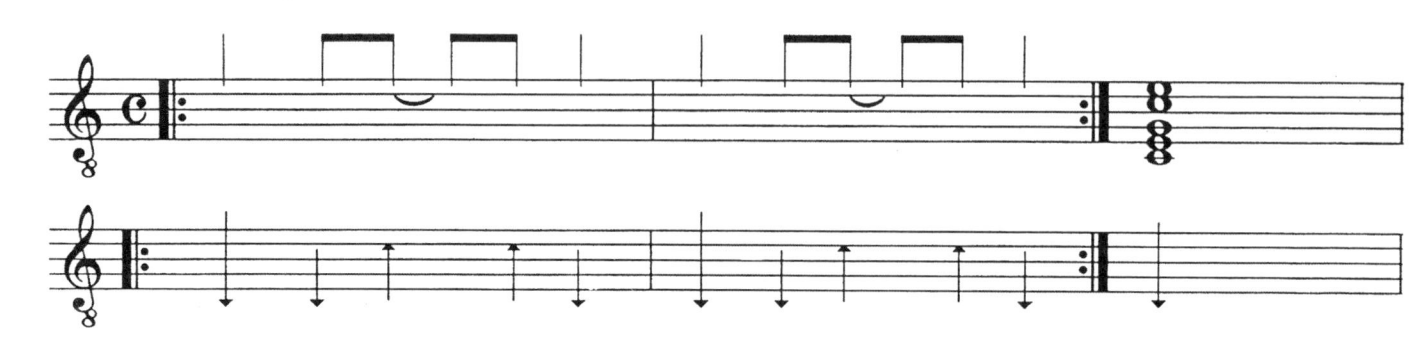

Convenção 1: Levada Tradicional

8. BREGA (MM = 100 a 120)

Convenção 1: Levada Tradicional

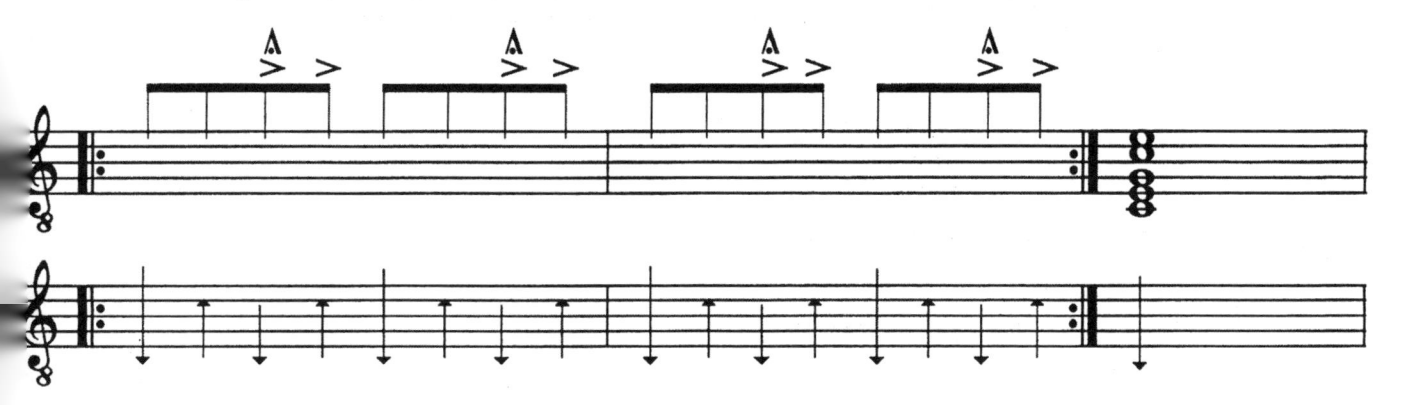

Convenção 2: Levada de Contrabaixo

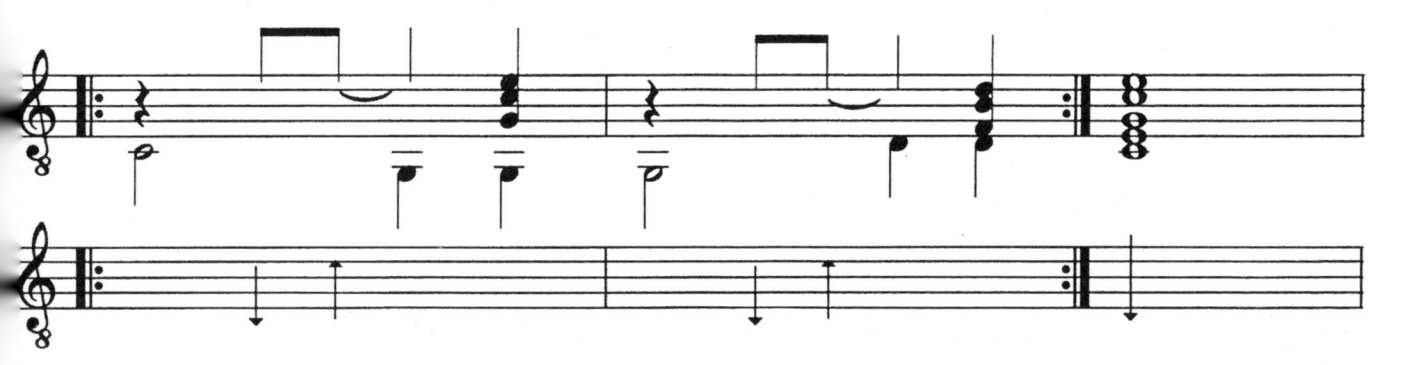

SUGESTÕES PARA REPERTÓRIO:

1. **Marchinha:** Taí (Joubert de Carvalho) / O Teu Cabelo Não Nega (Lamartine Babo e Irmãos Valença) / Ó Abre-Alas (Chiquinha Gonzaga)
2. **Marcha-Rancho:** As Pastorinhas (Noel Rosa e João de Barro) / Máscara Negra (Zé Keti) / Marcha da Quarta-Feira de Cinzas (Carlos Lyra e Vinícius de Moraes) / O Rancho da Goiabada (João Bosco e Aldir Blanc)
3. **Toada-Canção / Modinha:** Felicidade (Lupcínio Rodrigues) / Luar do Sertão (Catulo da Paixão Cearense)
4. **Brega:** Fogo e Paixão (Wando)
5. **Marcha:** A Banda (Chico Buarque)
6. **Canção Romântica:** Os Seus Botões (Roberto & Erasmo Carlos) / Cavalgada (Roberto & Erasmo Carlos)

Levadas Rítmicas

Capítulo 3 - Ritmos Nordestinos

1. BAIÃO (MM = 100 a 112)

Convenção 1: Baião Tradicional

Convenção 2: Baião Tradicional nº 2

Convenção 3: Baião Tradicional nº 3

Convenção 4: Baião Tradicional nº 4

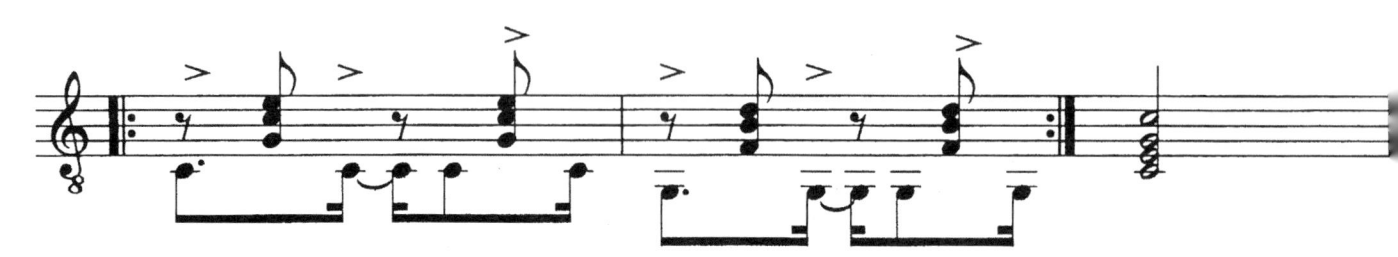

Levadas Rítmicas

Convenção 5: Baião Tradicional com Rasqueado

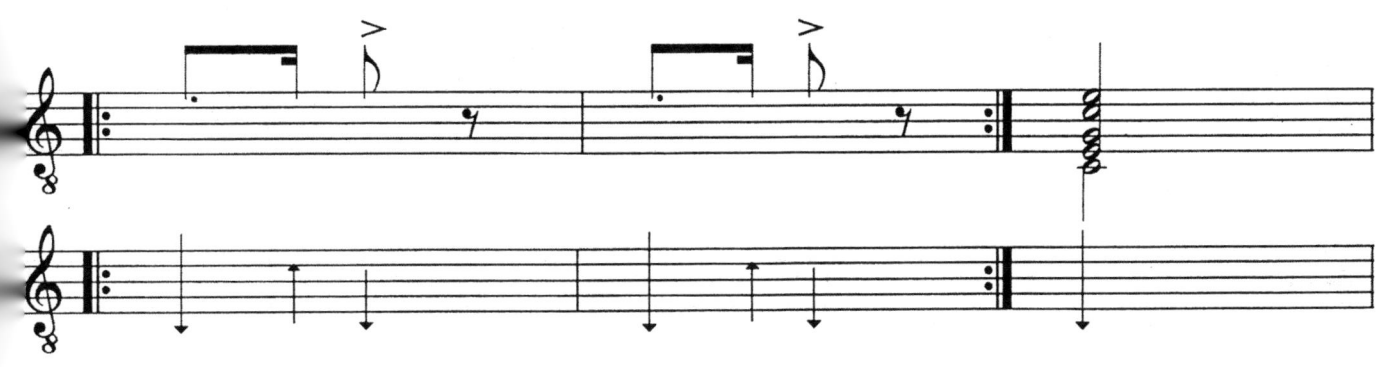

Convenção 6: Baião Sincopado

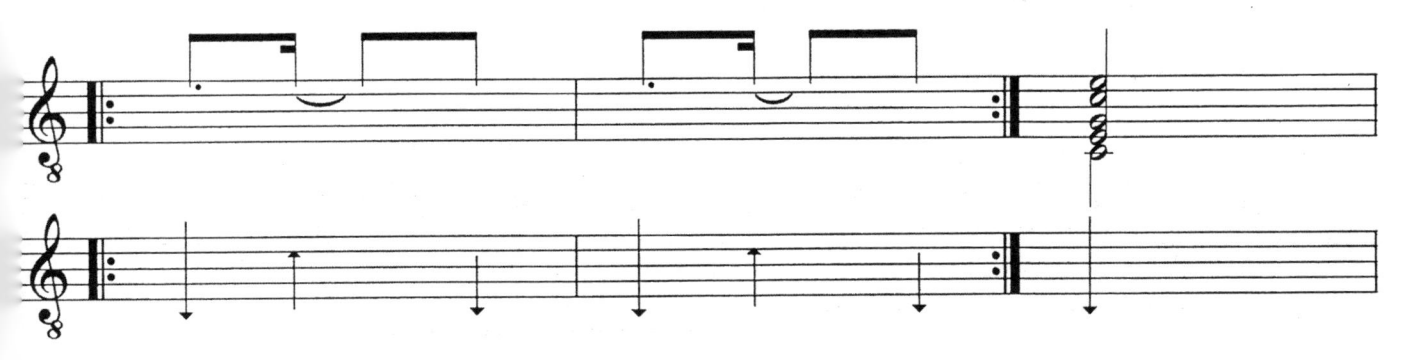

2. XOTE (MM = 60 a 84)

Convenção 1: Levada Tradicional

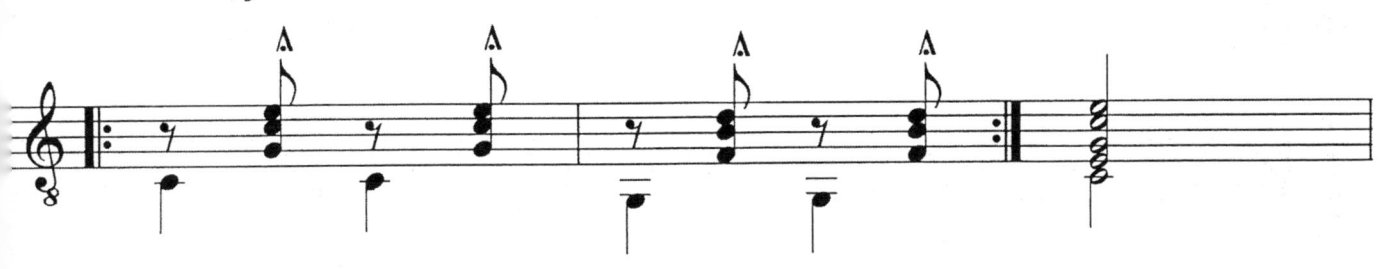

Convenção 2: Levada Tradicional com Rasqueado

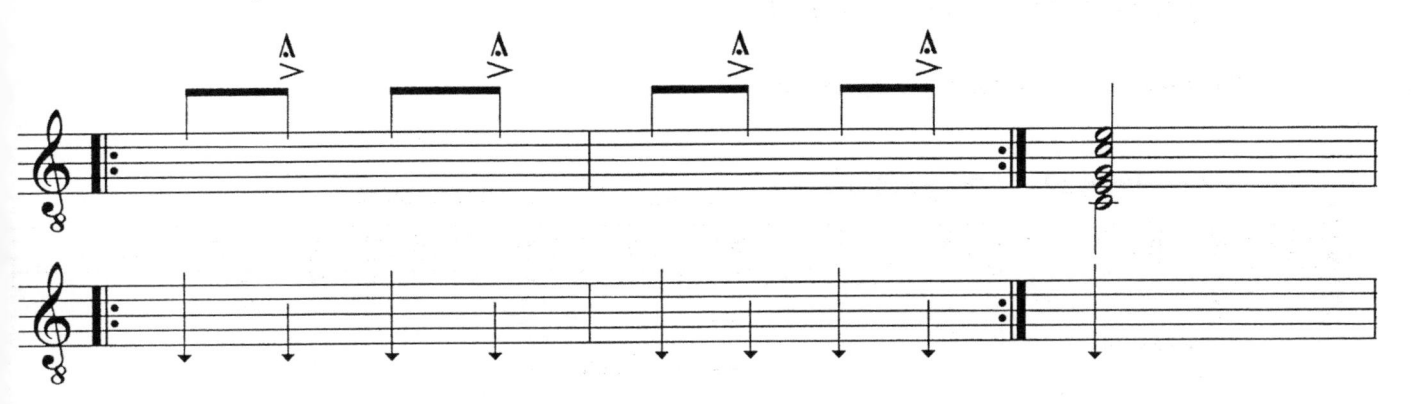

Levadas Rítmicas

Convenção 3: Levada Tercinada em 4 / 4

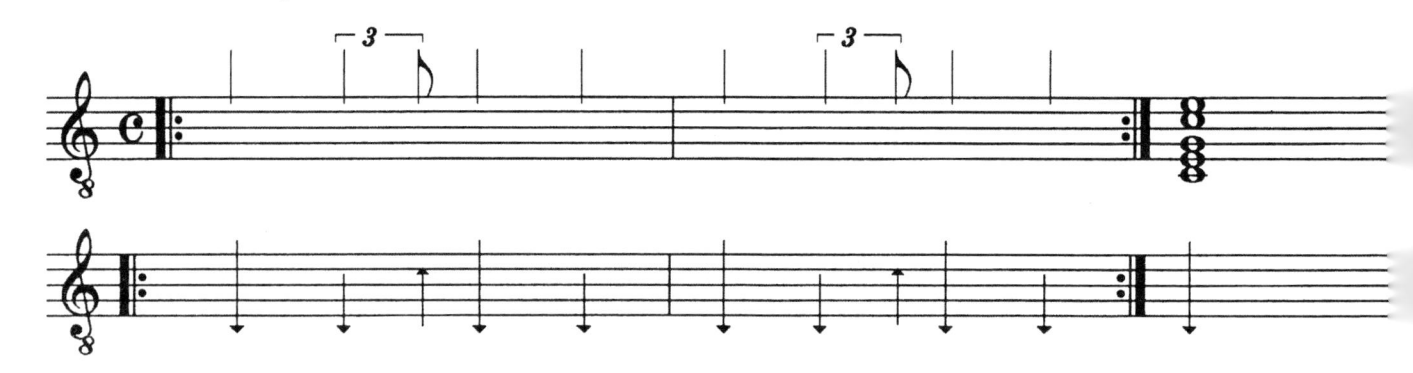

3. XAXADO (MM = 100 a 116)

Convenção 1: Levada Tradicional

Convenção 2: Levada Tradicional com Rasgueado

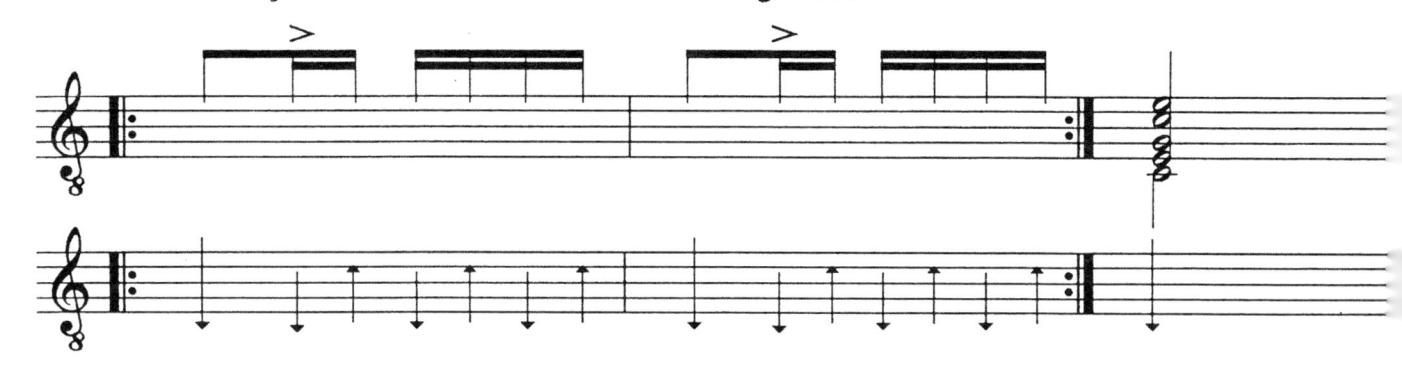

4. FORRÓ (MM = 100 a 116)

Convenção 1: Levada Tradicional

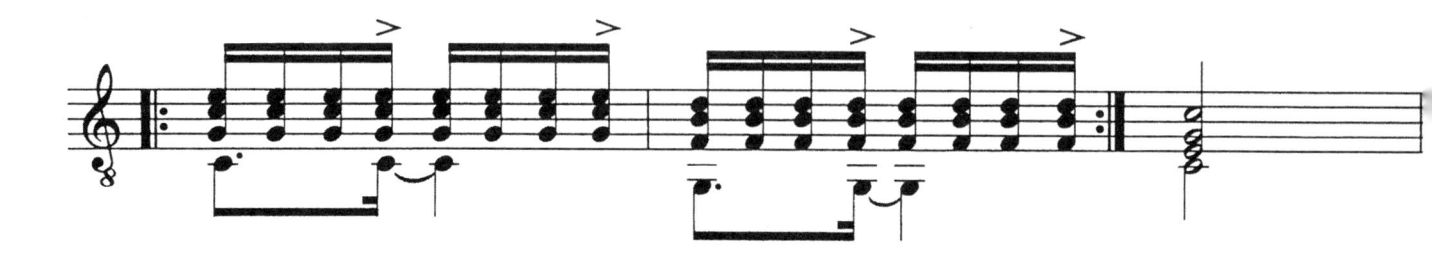

Levadas Rítmicas

Convenção 2: Levada Tradicional com Rasgueado

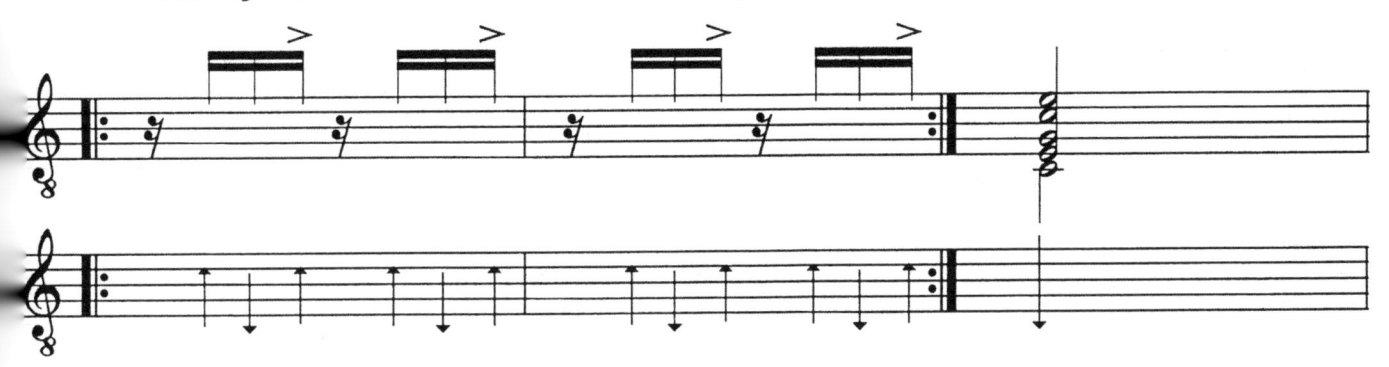

5. CÔCO NORDESTINO (MM = 100 a 104)

Convenção 1: Levada Tradicional ou de Pandeiro

Convenção 2: Levada de Zabumba

6. FRÊVO (MM = 120 a 144)

Convenção 1: Levada Tradicional

Convenção 2: Levada Tradicional com Rasgueado

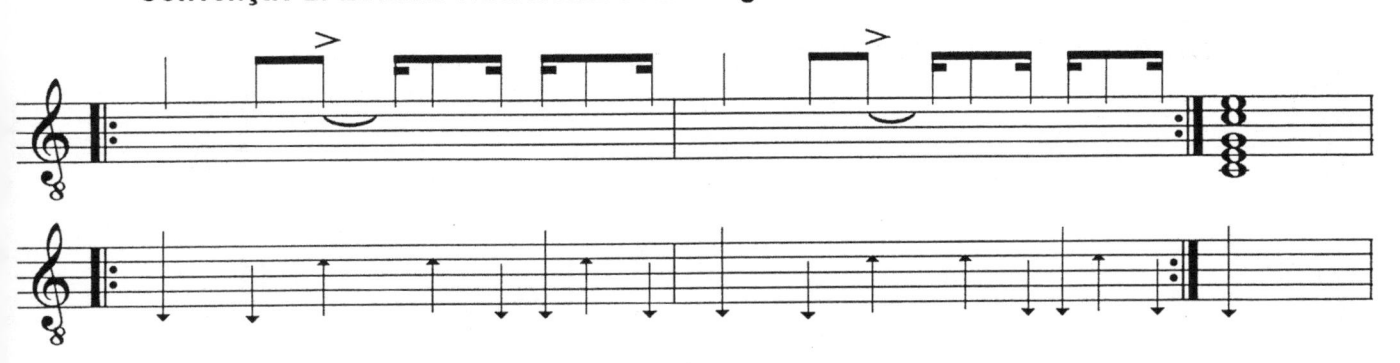

Levadas Rítmicas

Convenção 3: Levada Tradicional com Rasgueado nº 2

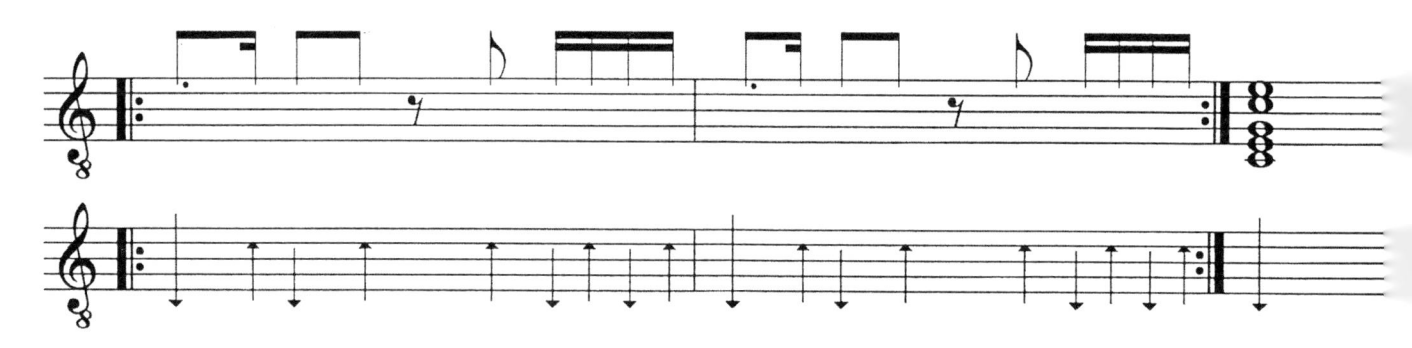

7. MARACATU (MM = 96 a 104)

Convenção 1: Levada Tradicional

Convenção 2: Levada de Surdo

8. AXÉ (MM = 88 a 100)

Convenção 1: Levada Tradicional

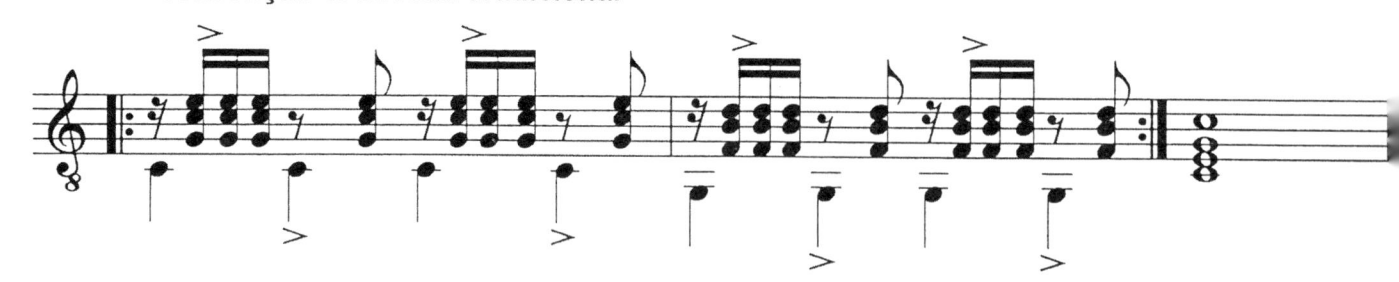

Convenção 2: Levada Tradicional com Rasgueado

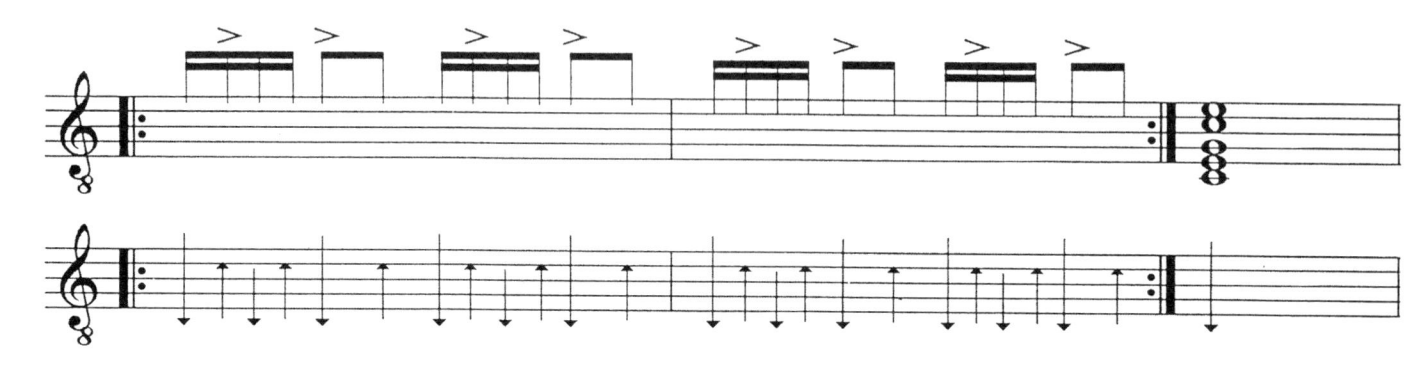

Convenção 3: Levada para Andamentos Rápidos

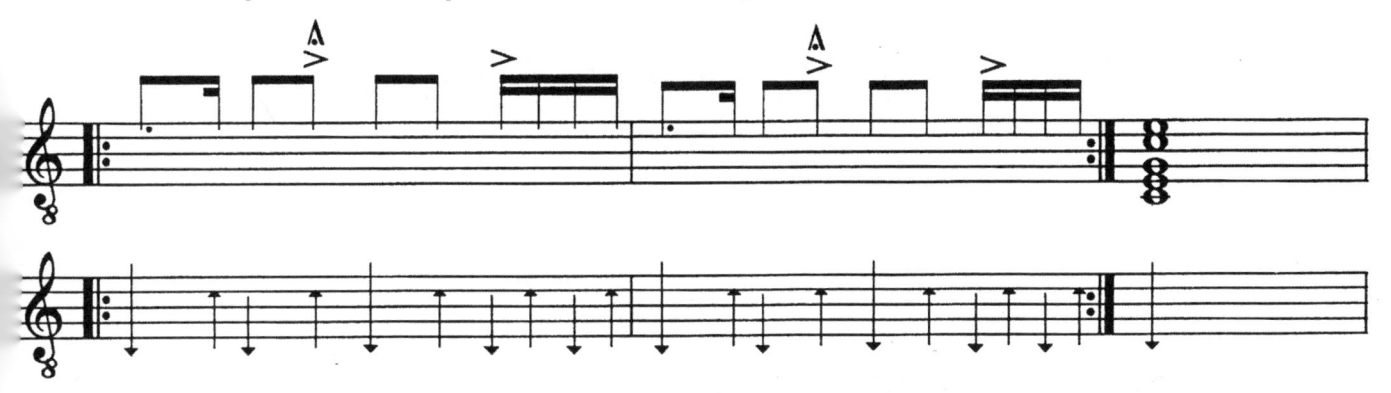

SUGESTÕES PARA REPERTÓRIO:

1. Baião: Qui Nem Jiló (Luiz Gonzaga e Humberto Teixeira) / Coração Bobo (Alceu Valença) / Céu e Mar (Johnny Alf)
2. Xote: Cajuína (Caetano Veloso) / Xote das Meninas (Luiz Gonzaga e Zé Dantas) / Na Asa do Vento (Luiz Vieira e João do Vale)
3. Xaxado: O Último Pau-de-Arara (Venâncio, Corumba e J. Guimarães) / Se Eu Fosse o Teu Patrão (Chico Buarque)
4. Côco: Pai, Acende Um Lampião (Luiz Vieira e Ubirajara Santos)
5. Frevo: Atrás do Trio Elétrico (Caetano Veloso) / Banho de Cheiro (Carlos Fernando)
6. Maracatu: Verde Mar de Navegar (Capiba) / Maracatu (Alceu Valença e Ascensio Ferreira)
7. Forró: Paroliado (Luiz Vieira)
8. Axé: O Canto da Cidade (Tote Gira e Daniela Mercury) / Arerê (Banda Eva)

Levadas Rítmicas

Capítulo 4 - Ritmos Regionais

1. TOADA SERTANEJA (MM = 60 a 76)

Convenção 1: Levada Tradicional

Convenção 2: Levada Tradicional com Rasgueado

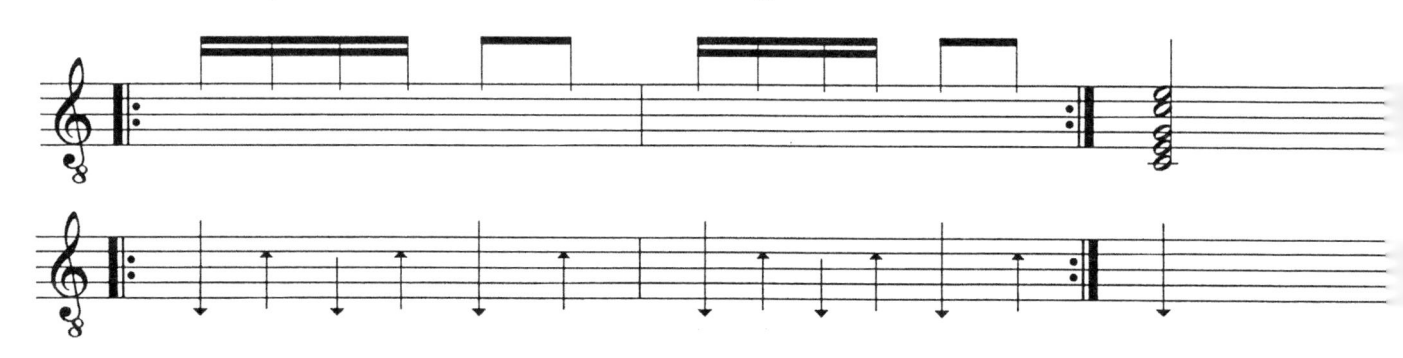

Convenção 3: Levada Pontuada

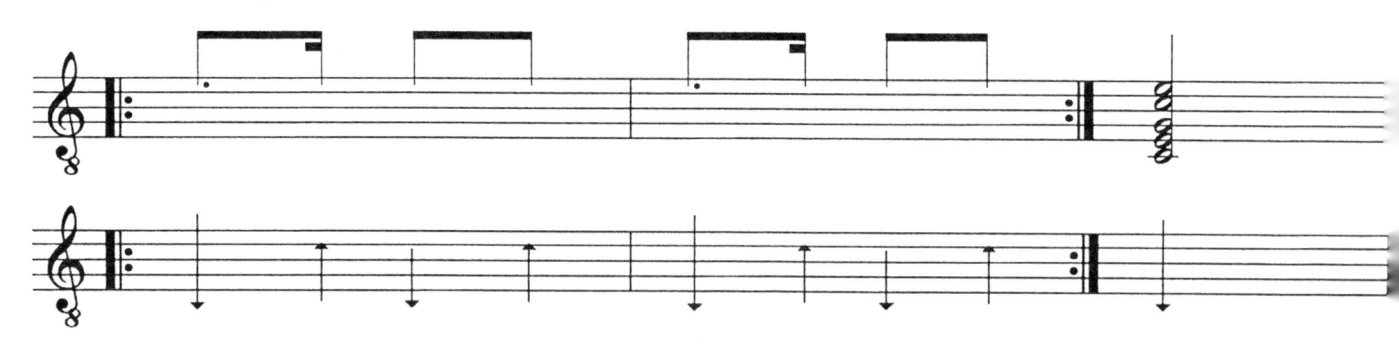

Convenção 4: Levada para Andamentos mais Lentos

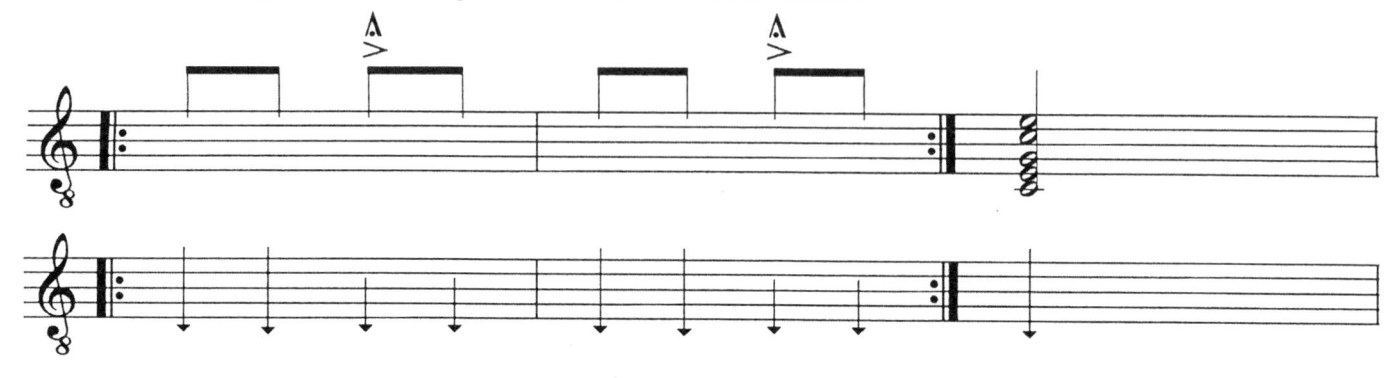

Levadas Rítmicas

Convenção 5: Levada Tradicional em 4/4

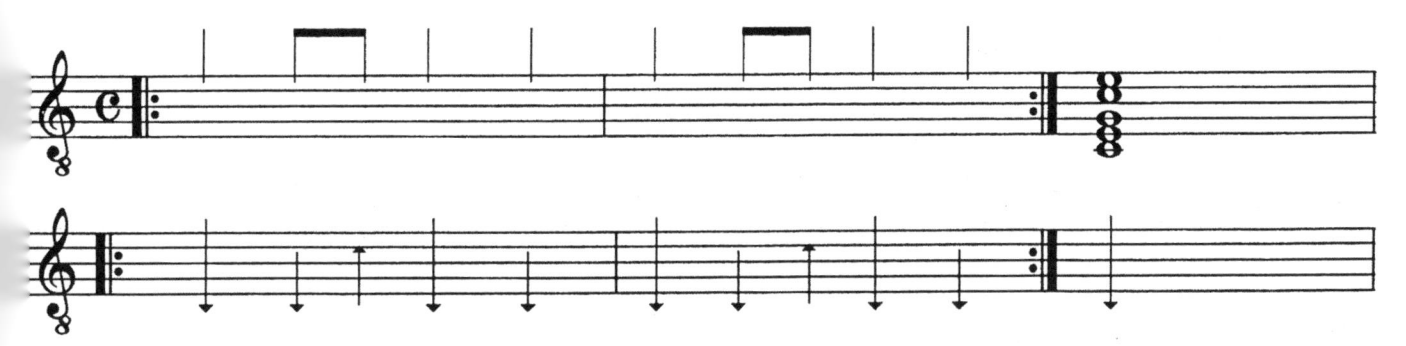

2. FOLIA DE REIS (MM = 92 a 100)

Convenção 1: Levada Tradicional

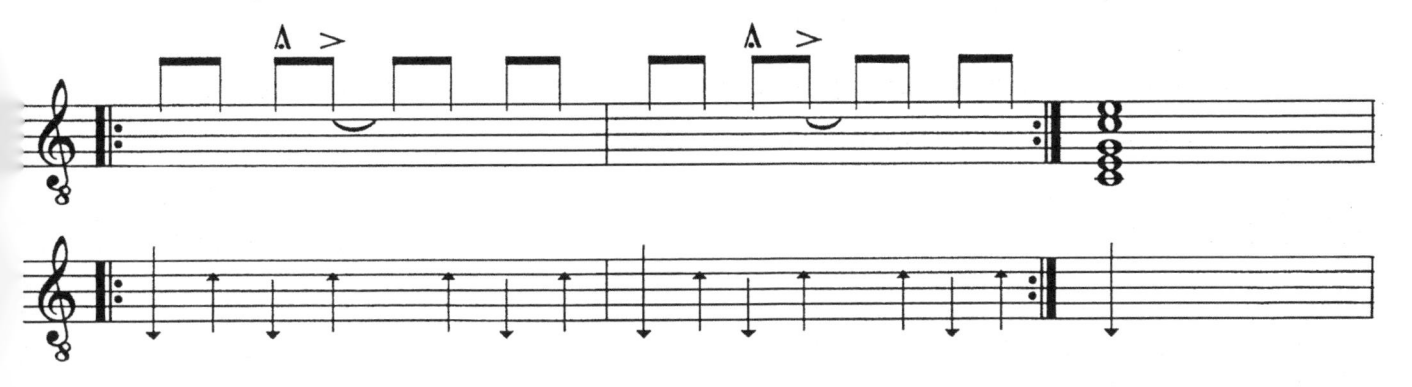

3. CANA VERDE (MM = 126 a 138)

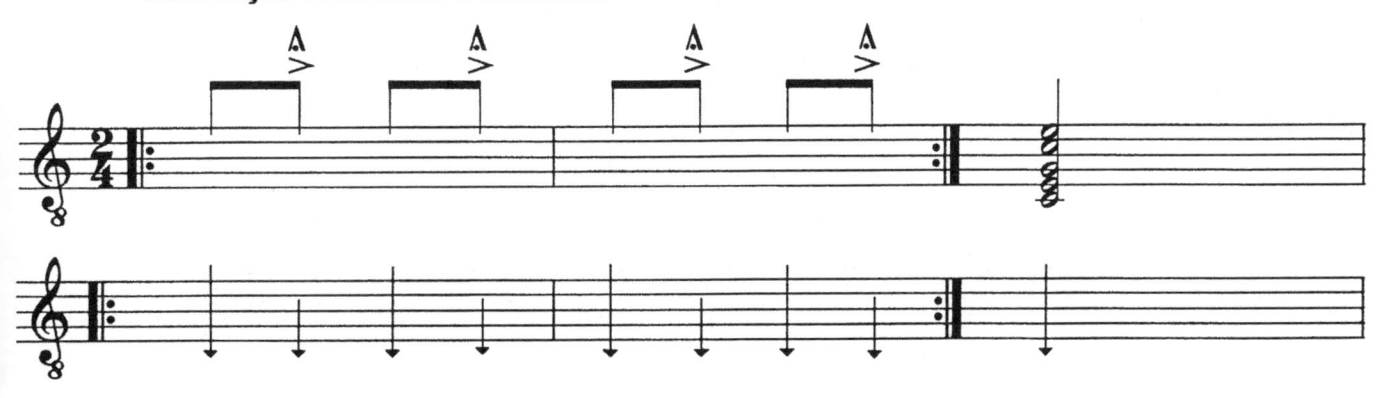

Convenção 1: Levada Tradicional

Convenção 2: Levada Tradicional nº 2

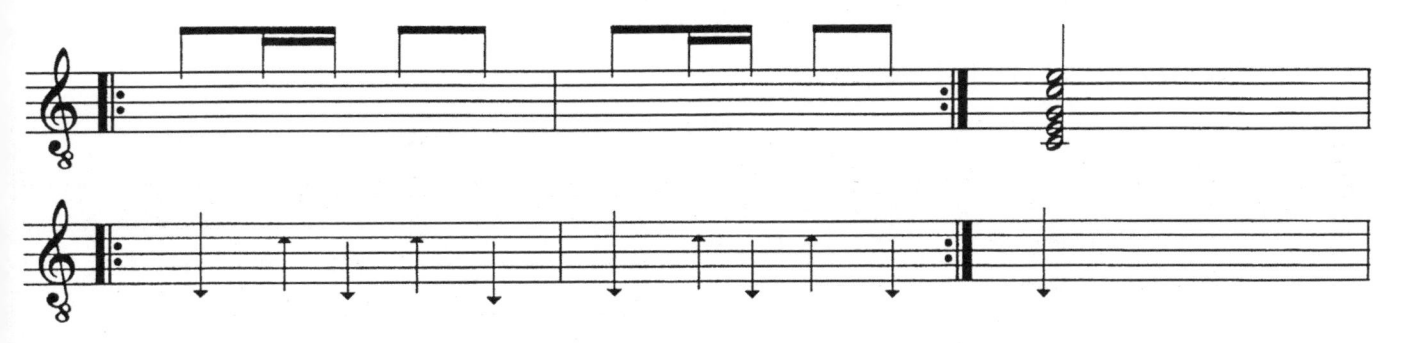

Levadas Rítmicas

4. CURURU (MM = 100 a 112)

Convenção 1: Levada Tradicional

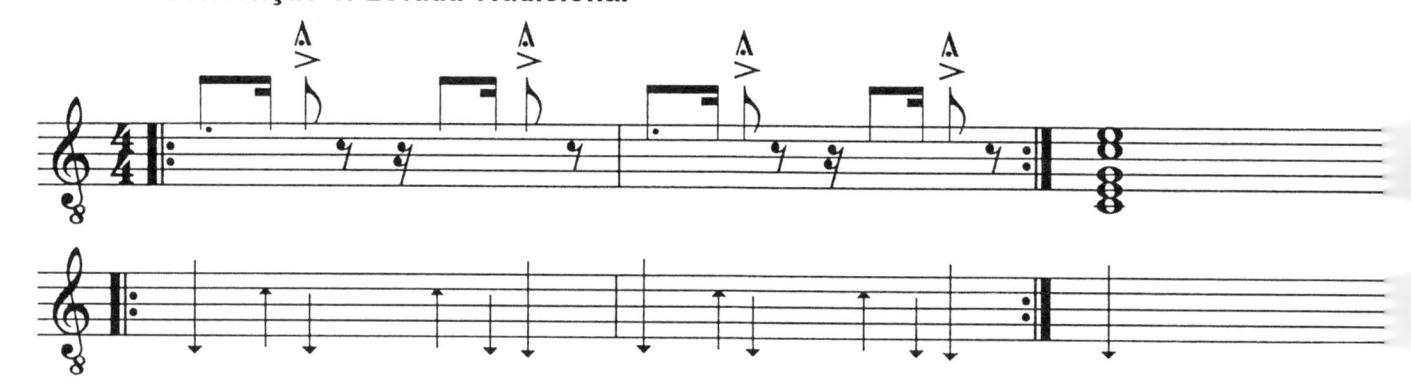

5. CATERETÊ (MM = 92 a 100)

Convenção 1: Levada Tradicional (Suporte Rítmico para o Ponteado de Viola

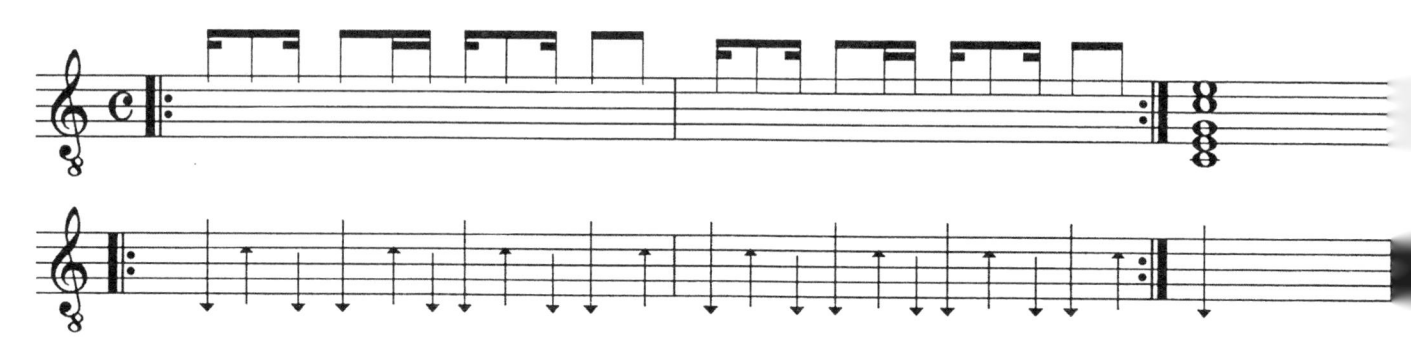

Convenção 2: Levada Tradicional nº 2 (Suporte Rítmico para o Ponteado de Viola

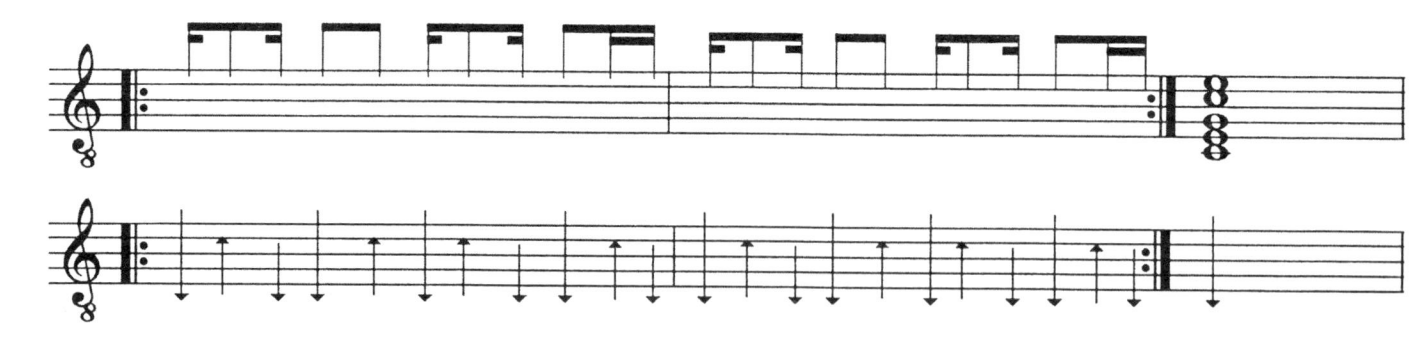

6. COCO (MM = 100 a 112)

Convenção 1: Levada Tradicional

Levadas Rítmicas

Convenção 2: Levada de Zabumba

7. COCO DE RODA (MM =104 a 112)

Convenção 1: Levada Tradicional

8. MACULELÊ (MM =116 a 126)

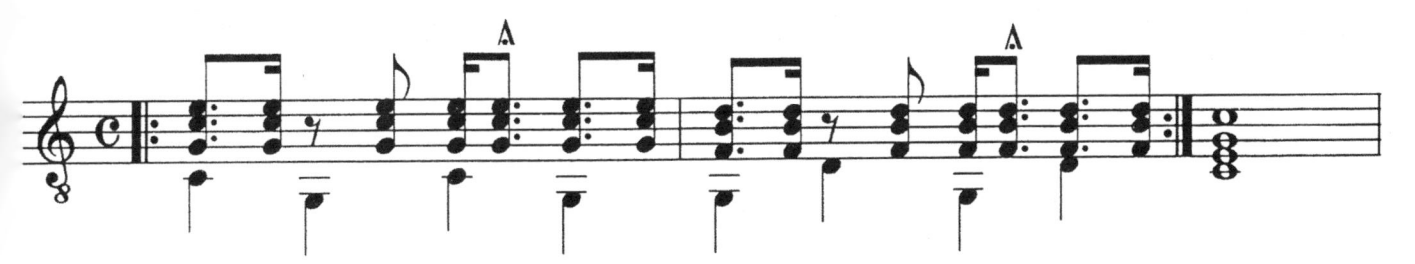

Convenção 1: Levada Tradicional

Convenção 2: Levada de Atabaque

Convenção 3: Levada de Agogô

Convenção 4: Levada de Caxixi

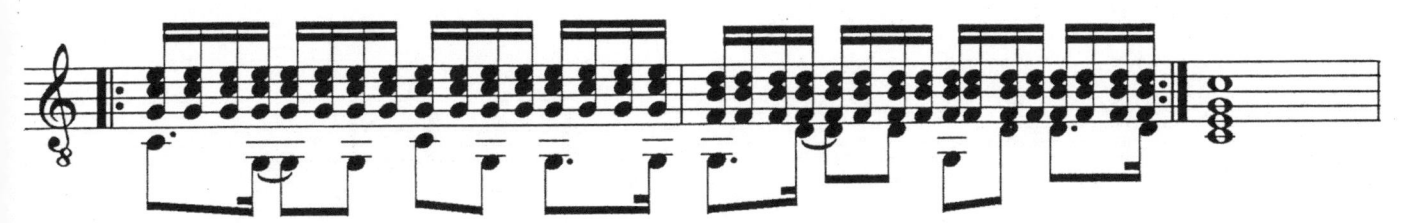

Levadas Rítmicas

9. JONGO (MM = 112 a 120)

Convenção 1: Levada Tradicional

Convenção 2: Levada de Atabaque

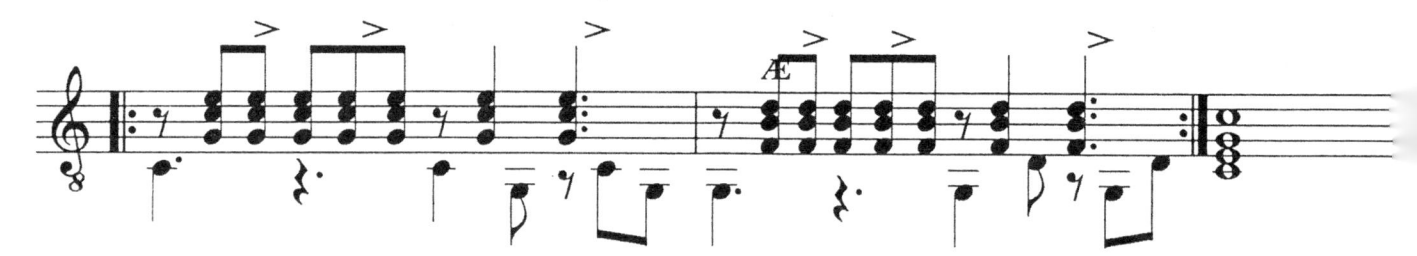

Convenção 3: Levada de Atabaque nº 2

10. BATUQUE (MM = 126 a 144)

Convenção 1: Levada Tradicional

Convenção 2: Levada de Atabaque

Convenção 3: Levada Tradicional em 3/4

11. BALAIO (MM = 116 a 126)

Convenção 1: Levada Tradicional

Convenção 2: Levada de Bumbo

12. CALANGO DE MINAS (MM = 100 a 108)

Convenção 1: Levada Tradicional

Convenção 2: Levada de Surdo

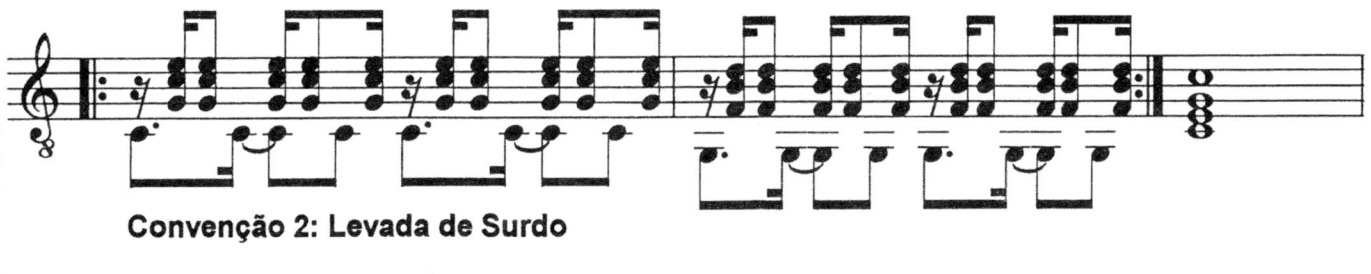

13. CAPOEIRA (MM = 100 a 108)

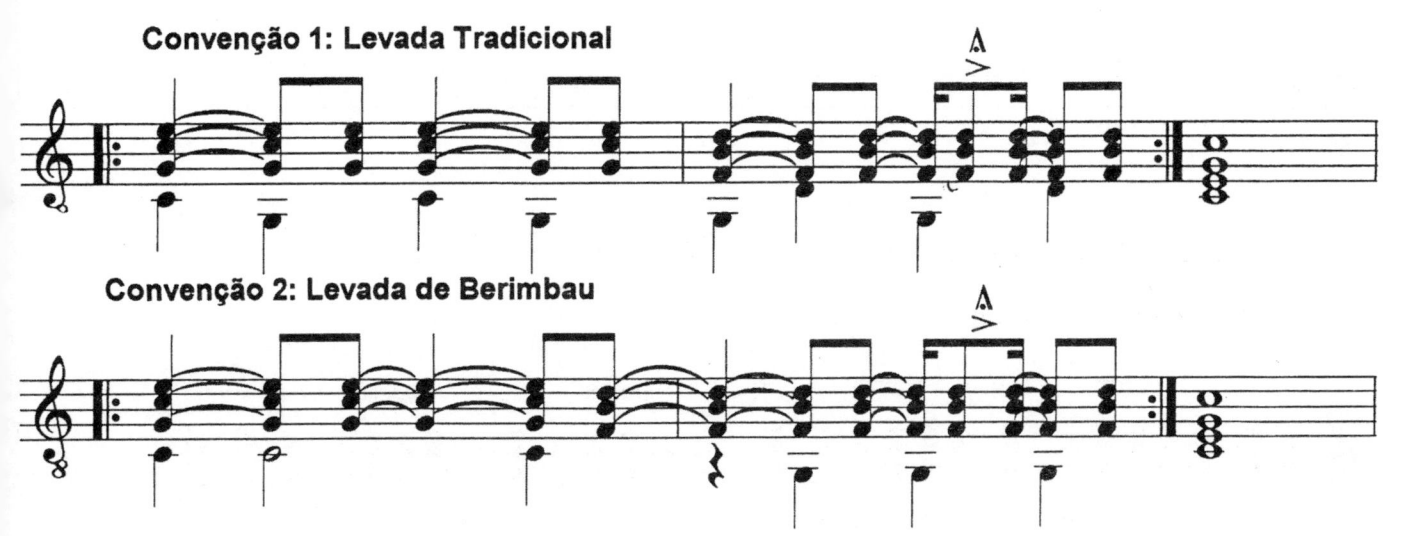

Convenção 1: Levada Tradicional

Convenção 2: Levada de Berimbau

Levadas Rítmicas

14. BOI-BUMBÁ DA AMAZÔNIA (MM = 104 a 112)

Convenção 1: Levada Tradicional

15. CARIMBÓ (MM = 108 a 116)

Convenção 1: Levada Tradicional

Convenção 2: Levada de Surdo

Convenção 3: Levada Tradicional com Rasgueado

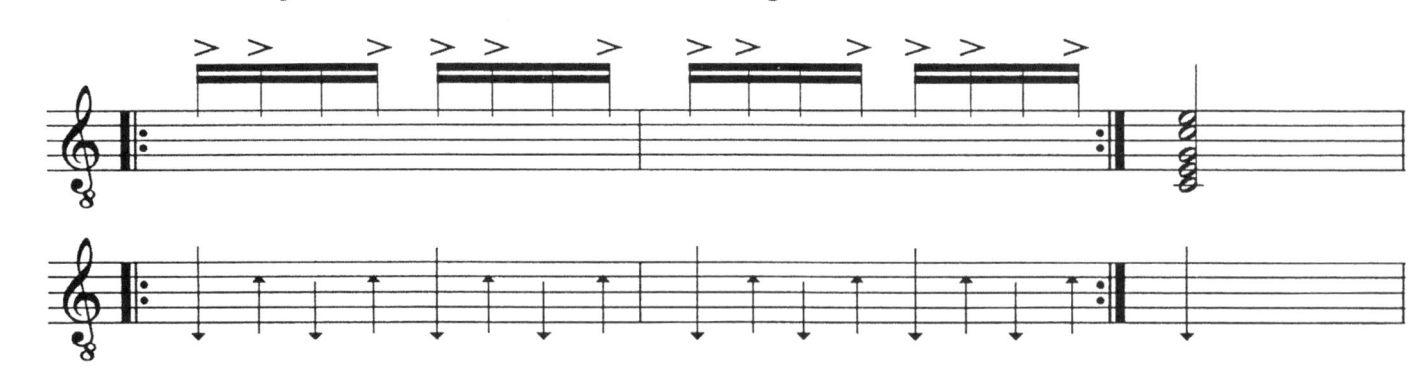

16. CHULA DO RIO GRANDE DO SUL (MM = 104 a 116)

Convenção 1: Levada Tradicional

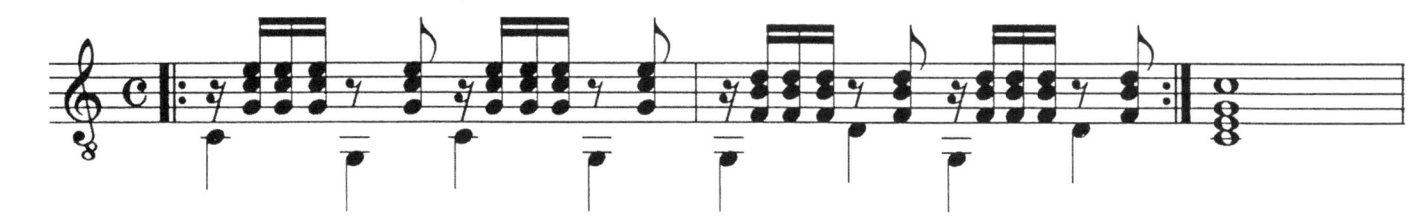

Levadas Rítmicas

Convenção 2: Levada Tradicional nº 2

Convenção 3: Levada Tradicional nº 3

17. CHULA GAÚCHA EM 3/4 (MM = 104 a 116)

Convenção 1: Levada Tradicional

Convenção 2: Levada Tradicional nº 2

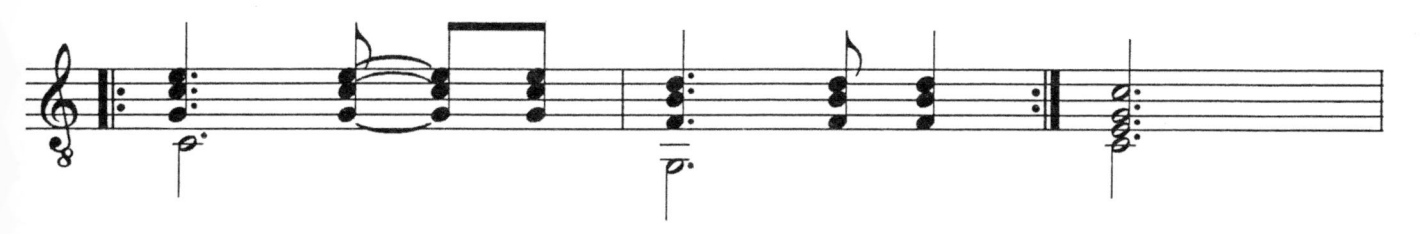

Convenção 3: Levada Tradicional com Rasgueado

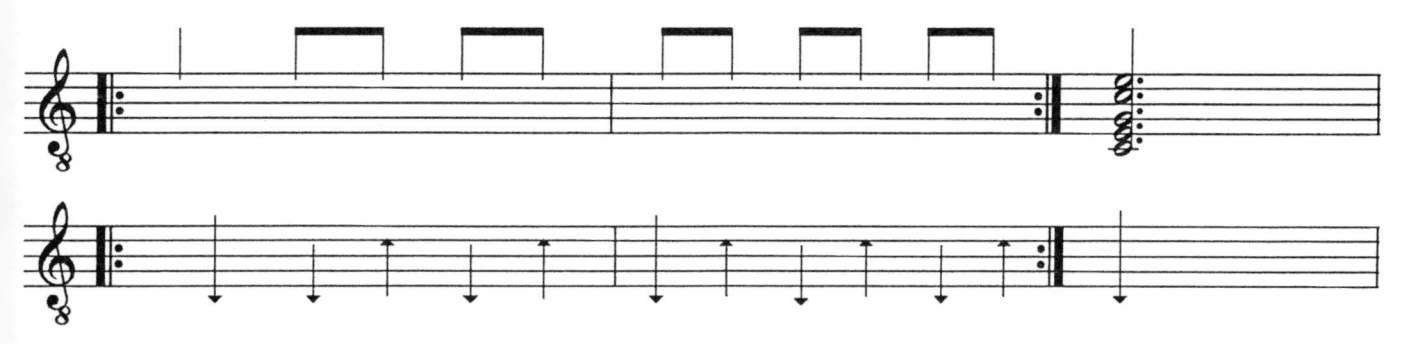

Levadas Rítmicas

Convenção 4: Levada Tradicional com Rasgueado nº 2

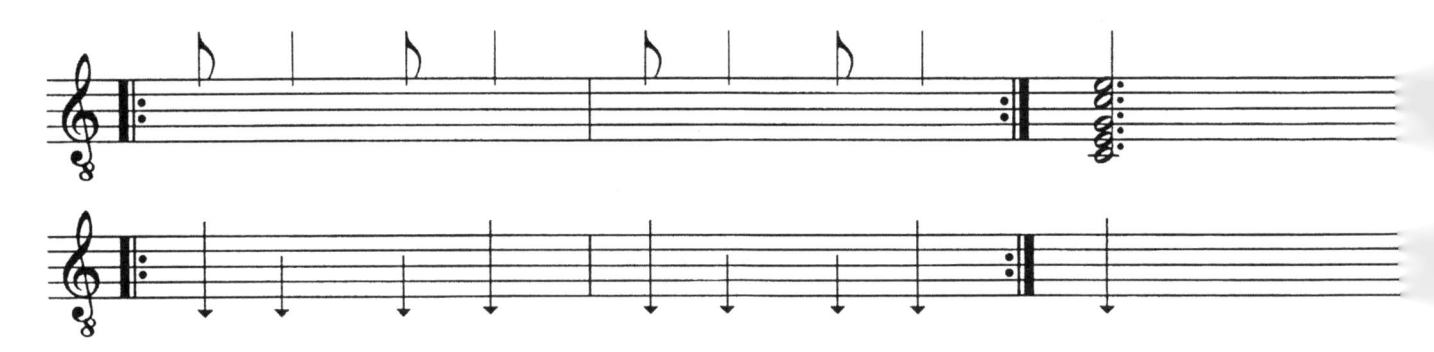

SUGESTÕES PARA REPERTÓRIO:

1. **Jongo:** Tatamirô (Toquinho e Vinícius de Moraes)
2. **Carimbó:** Carimbó do Mato (Eliana Pittman)
3. **Toada Sertaneja:** Tristezas do Jeca (Angelino de Oliveira) /
Chico Mineiro (Tonico e Francisco Ribeiro)
4. **Cana Verde:** Cana Verde (Tonico e Tinoco) / Moreninha Linda (Tonico e Tinoco)
5. **Folia de Reis:** Folia de Rei (Arnaud Rodrigues e Chico Anísio) /
Bandeira do Divino (Ivan Lins e Vitor Martins)
6. **Cururu:** O Menino da Porteira (Teddy Vieira e Luizinho)
7. **Cateretê:** Rio de lágrimas (Rio de Piracicaba) Piraci, L. Santos e TiãoCarreiro)
8. **Chula Gaúcha:** Maria Fumaça (Kledir Ramil)

Levadas Rítmicas

Capítulo 5 - Rock e Pop

1. BALADA ANOS 50 (MM = 66 a 80)

Convenção 1: Balada Tradicional (Andamento ligeiramente acelerado)

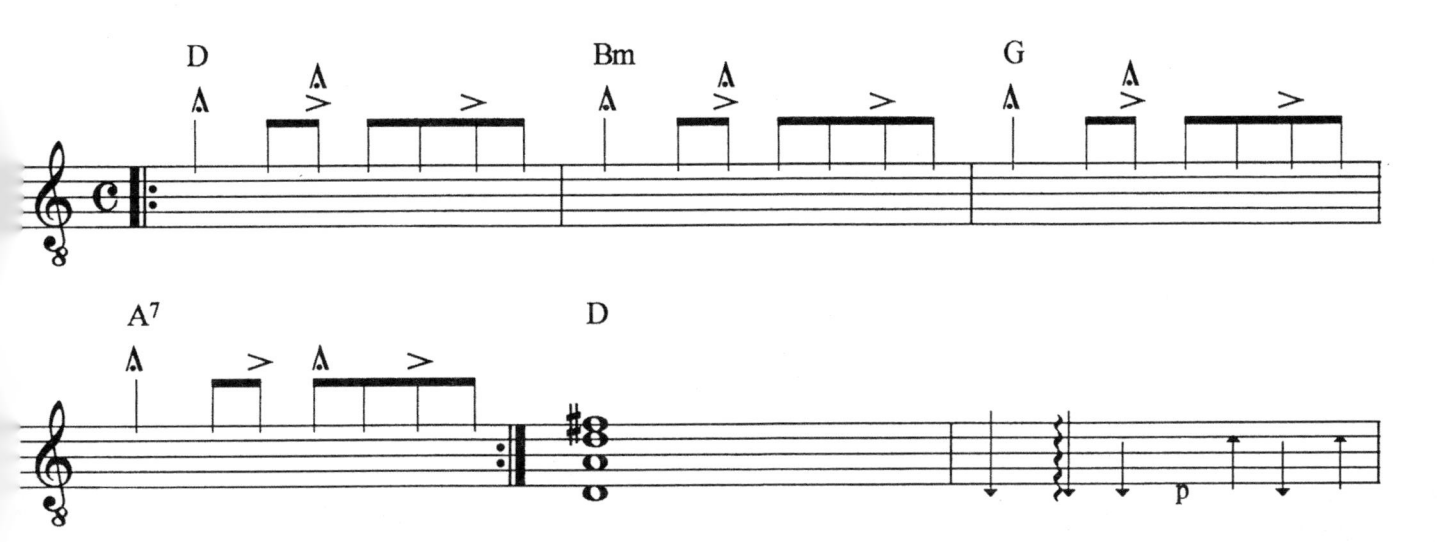

Obs.: 1. O segundo toque de Polegar tem uma ligeira antecipação e execução Arpejada.
2. No 3º Tempo do Compasso há uma leve execução de Polegar sobre a Tônica.

Convenção 2: Balada Tradicional

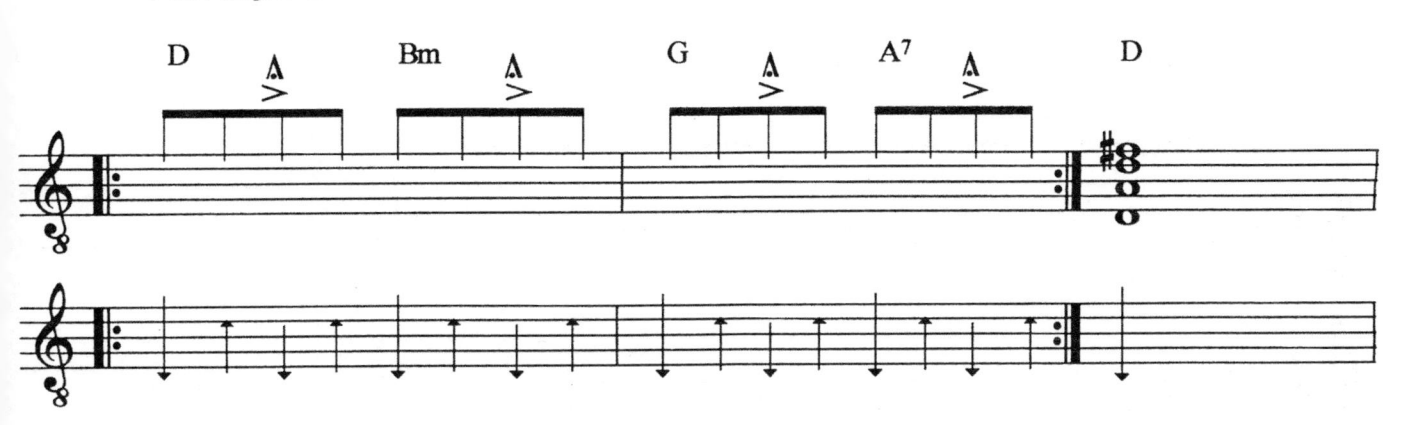

Obs.: Executar essa Levada com Padrão Tercinado.

Levadas Rítmicas

Convenção 3: Balada Tradicional nº 2

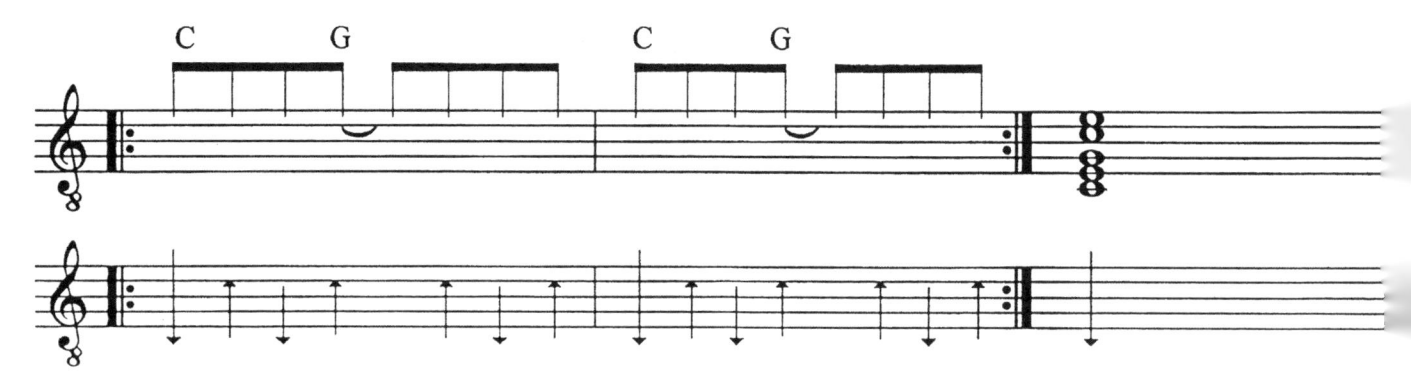

Obs.: Pode-se Executar essa Levada com ou sem Padrão Tercinado.

Convenção 4: Balada em 6/8

Convenção 5: Balada em 6/8 com Rasgueado

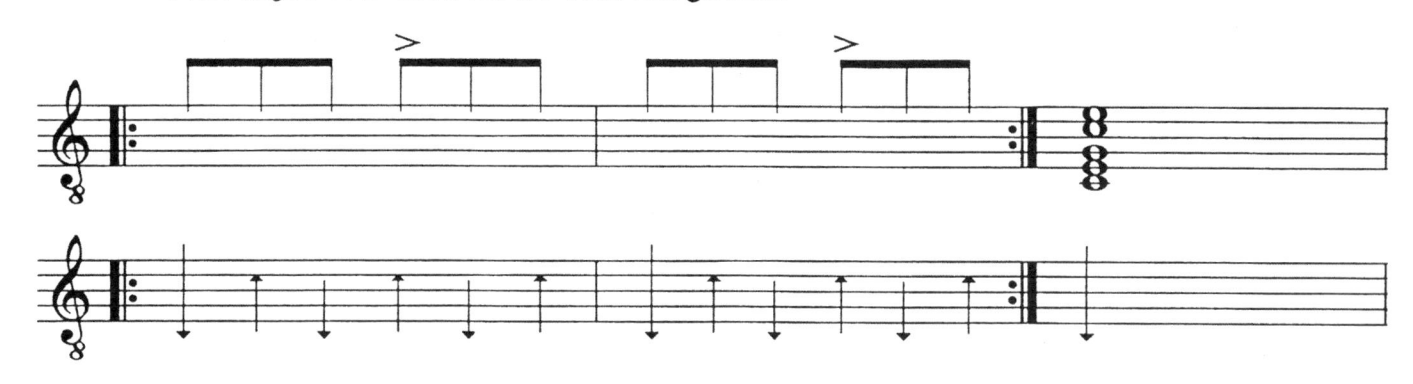

Convenção 6: Balada em 6/8 nº 2

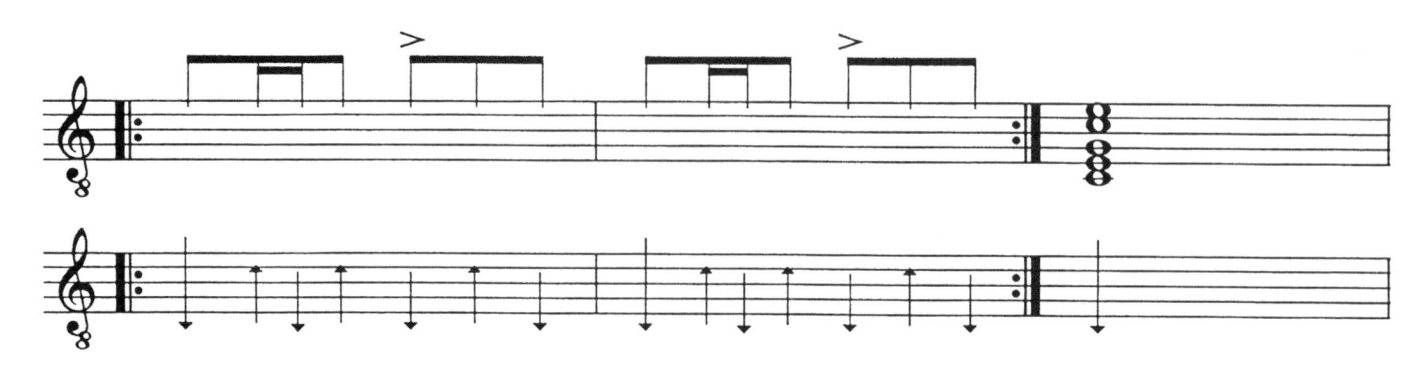

Obs.: Nos exemplos 5 e 6 pode-se executar Stacattos junto aos Acentos.

Levadas Rítmicas

2. ROCK'N'ROLL (MM = 100 a 112)

Convenção 1: Estilo Bill Halley

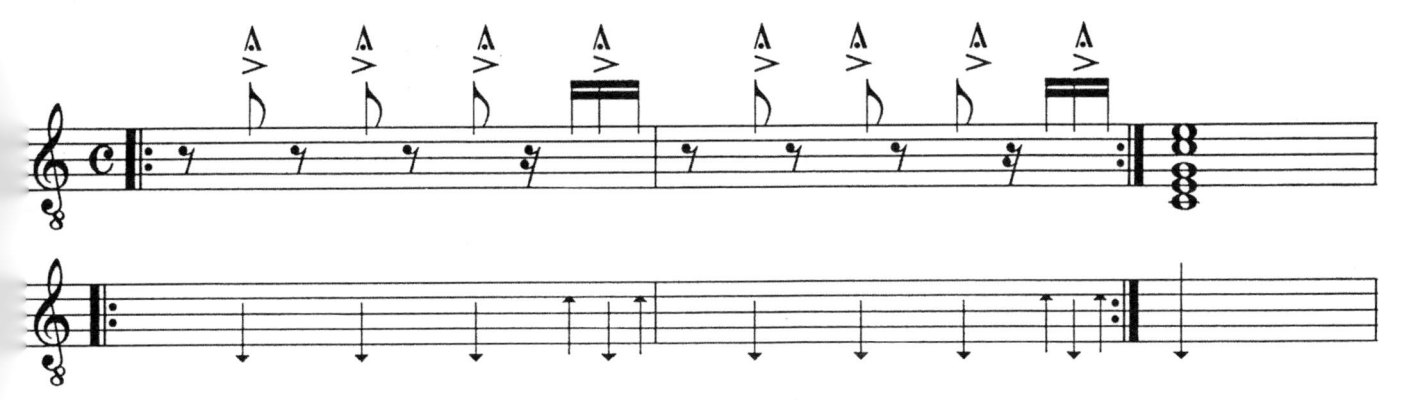

Obs.: Executa-se o grupo de Semicolcheias do 4º Tempo com Padrão Tercinado.

Convenção 2: Estilo Bill Halley nº 2

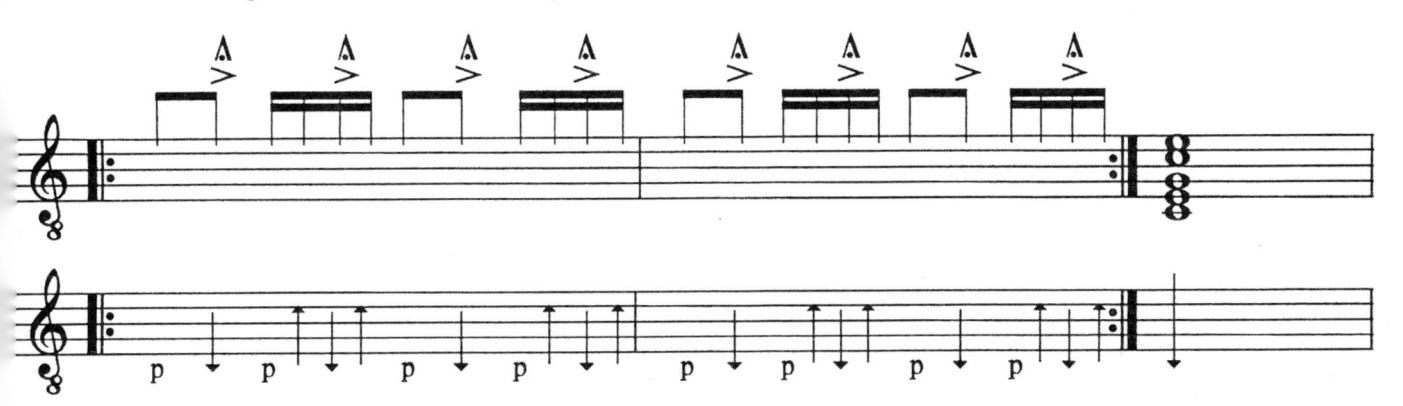

Obs.: 1) Pode-se utilizar Pausas nos Tempos fortes ao invés do toque suave de Polegar sobre os Bordões.
2) Os Grupos de Semicolcheias são executados com Padrão Tercinado.

Convenção 3: Rockabilly

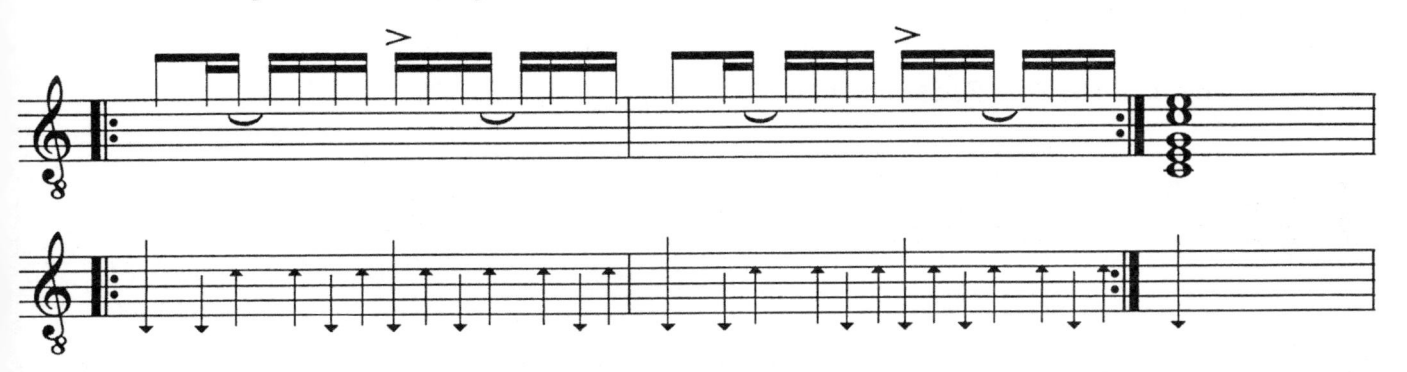

Levadas Rítmicas

3. ROCK ANOS 60 (MM = 88 a 160)

Convenção 1: Estilo Beatles (Andamentos Rápidos)

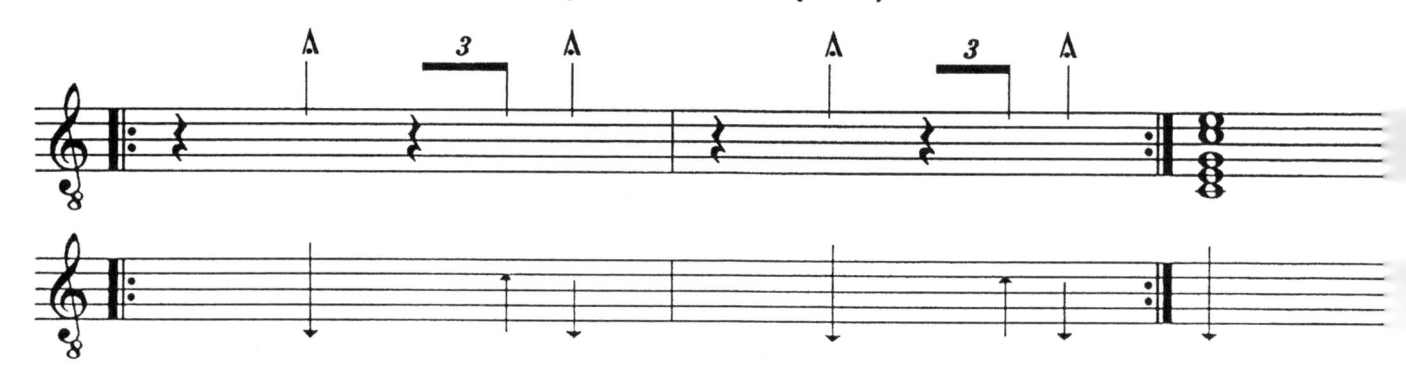

Convenção 2: Balada Estilo Beatles

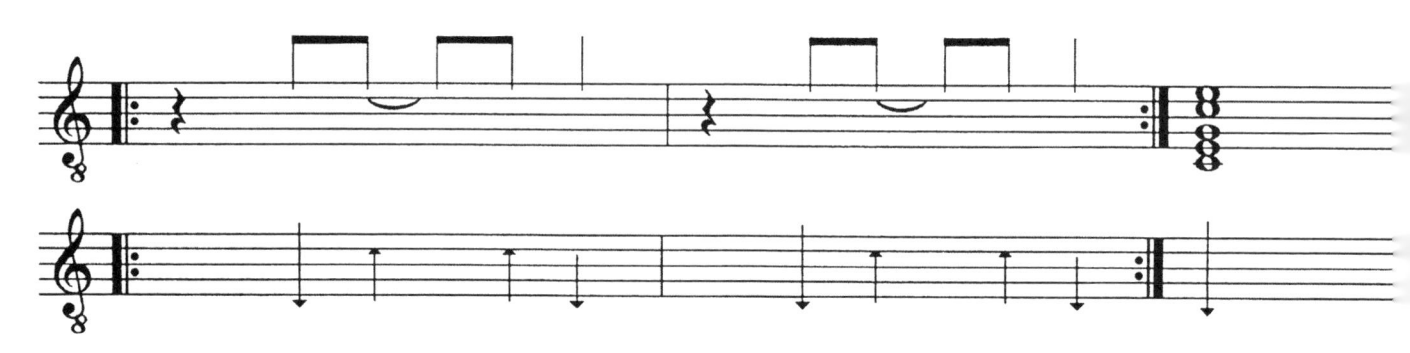

Convenção 3: Folk Rock

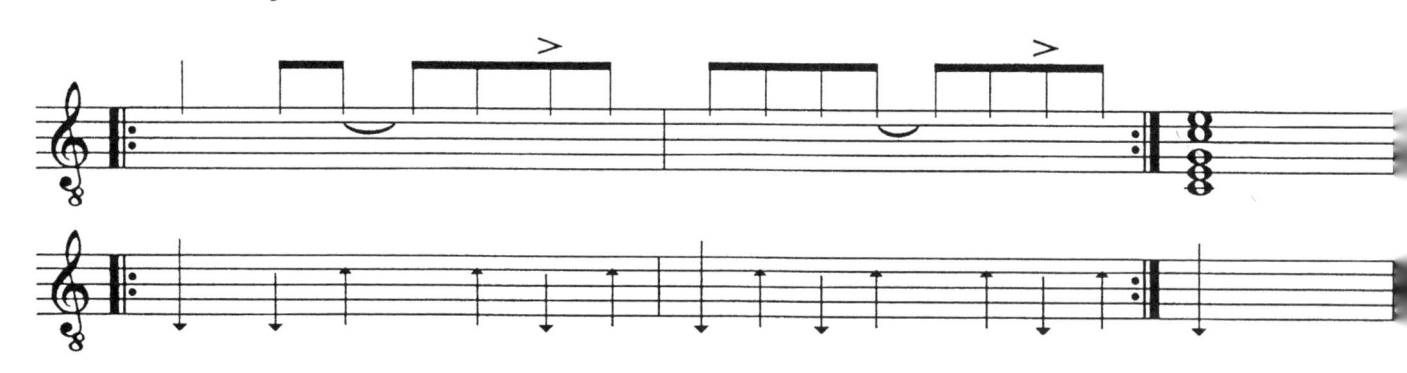

Obs.: Execute essa levada com Padrão Tercinado

Convenção 4: Folk Rock em 3 / 4

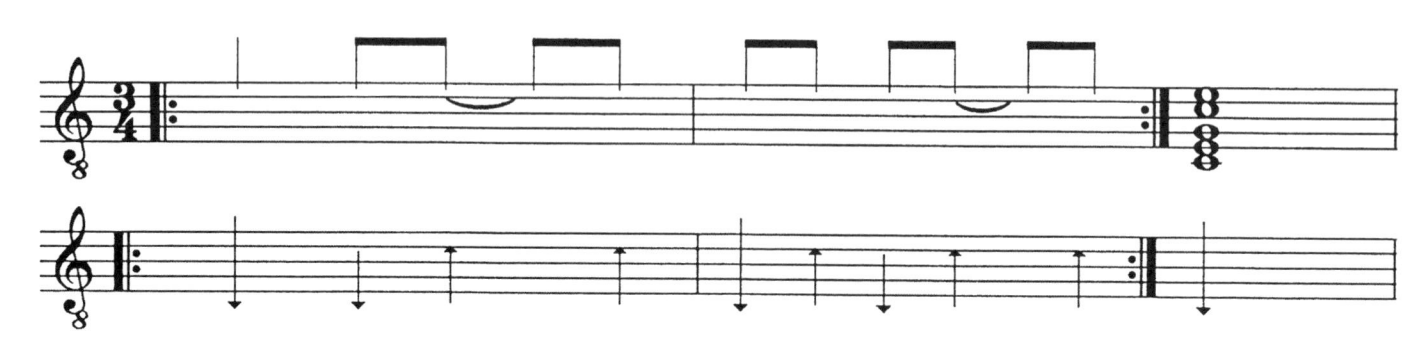

PARTE II - LEVADAS COM RASGUEADO

Levadas Rítmicas

4. ROCK BRASILEIRO (MM = 120 a 160)

Convenção 1: Rock Sincopado (Jovem Guarda)

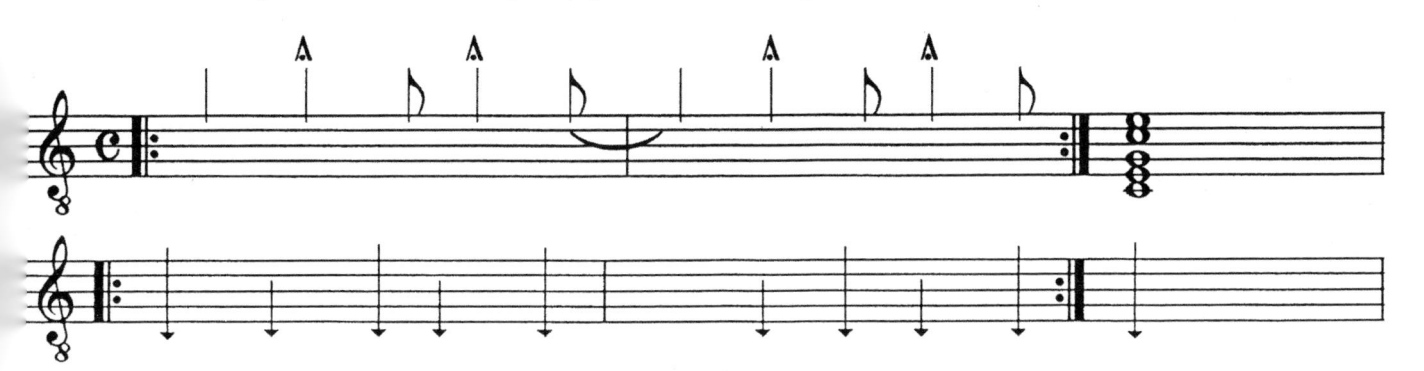

Convenção 2: Levada Tradicional (Anos 80)

(Execute com Padrão Tercinado)

5. COUNTRY (MM = 80 a 160)

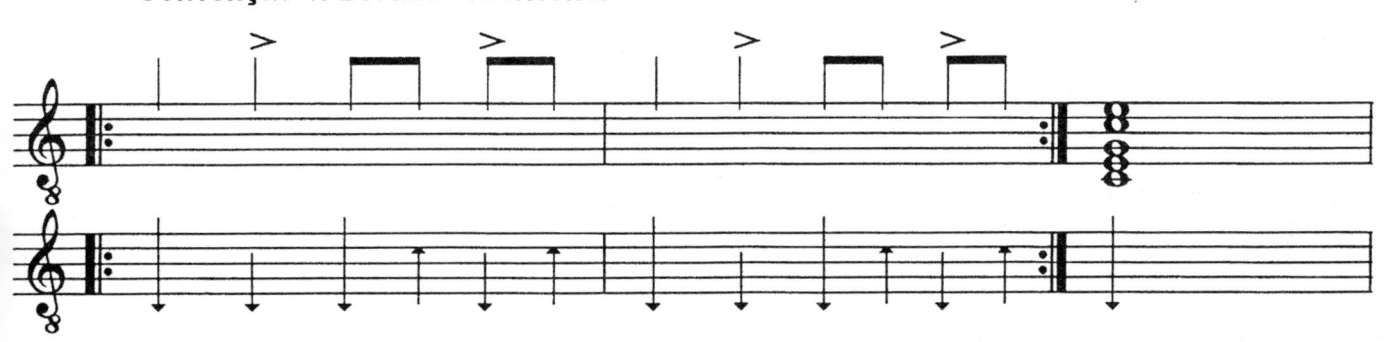

Convenção 1: Levada Tradicional

Convenção 2: Country Rápido em Semicolcheias

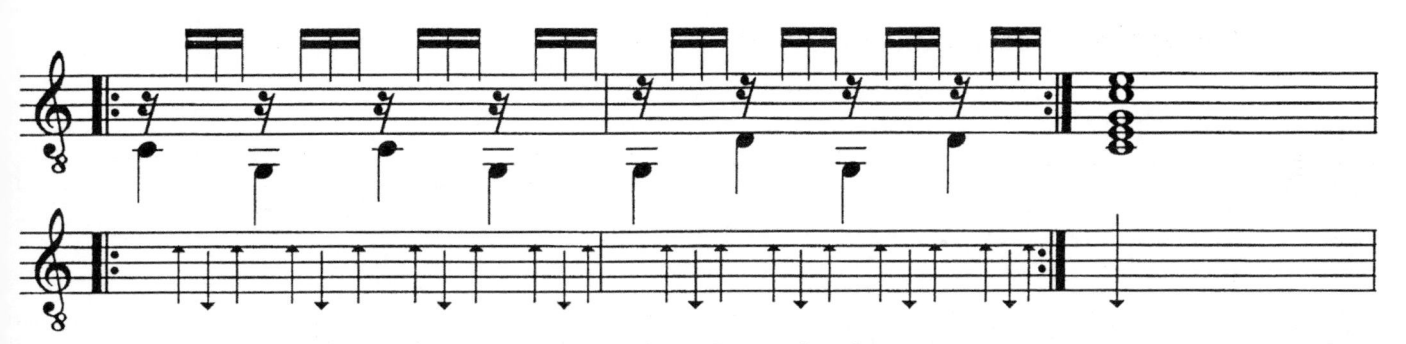

Obs.: 1. Levada bastante utilizada para Andamentos acelerados.

Levadas Rítmicas

Convenção 3: Backbeat (Estilo Americano)

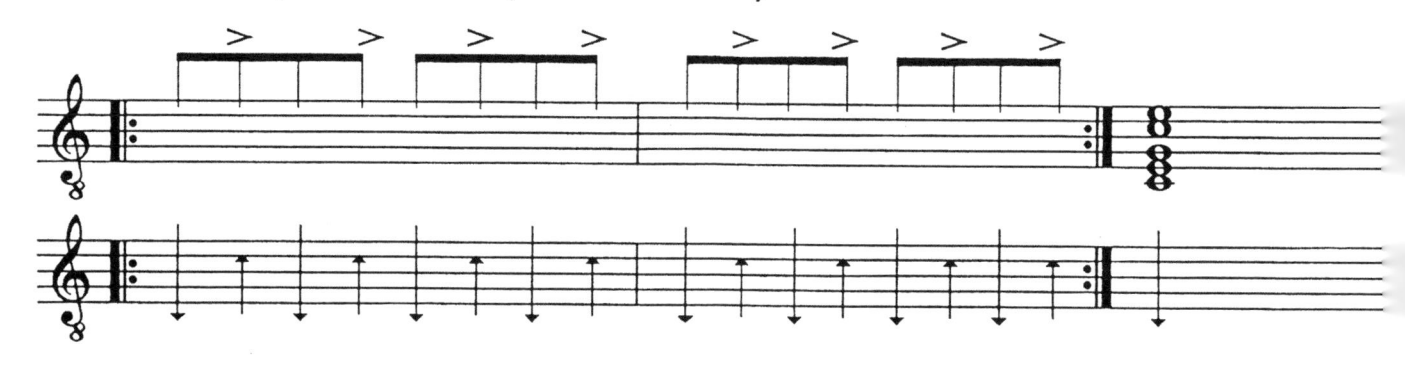

Convenção 4: Estilo Irlandês

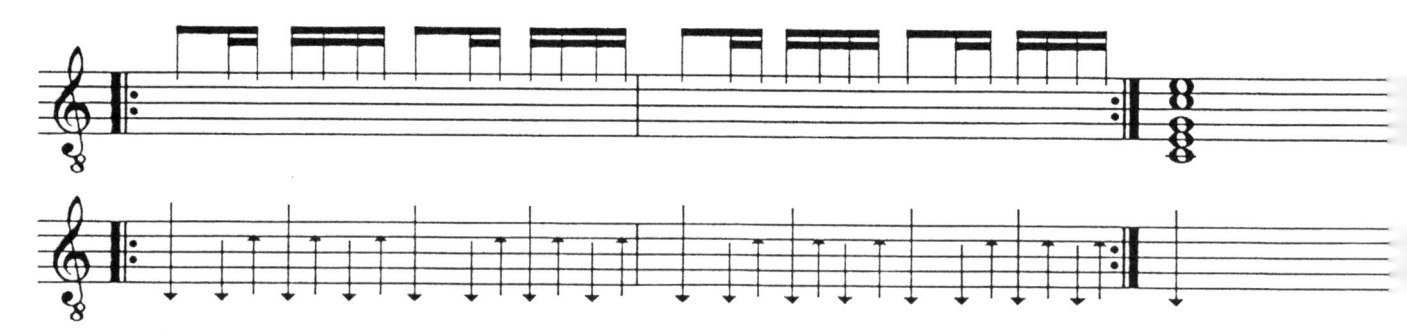

Obs.: Exemplo bastante utilizado em Temas Instrumentais com Andamentos rápidos.

Convenção 5: Finger Picking (Banjo Style)

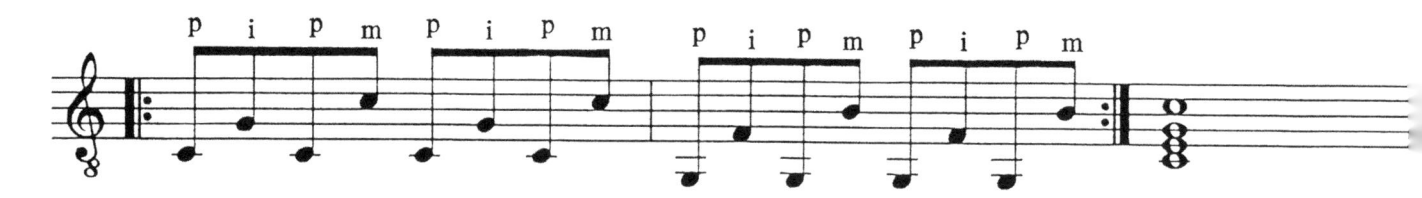

Convenção 6: Finger Picking nº 2 (Banjo Style)

Obs.: Na Técnica Finger Picking, uma vez respeitada a alternância p-i-p-m, a posição do Arpejo sobre o Acorde é livre.

Convenção 7: Estilo Carter Family nº 1

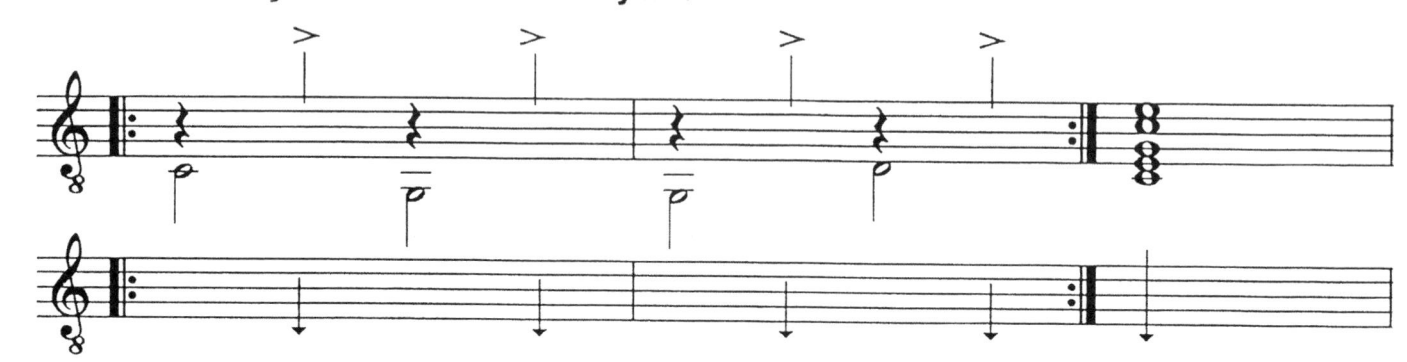

Levadas Rítmicas

Convenção 8: Estilo Carter Family nº 2

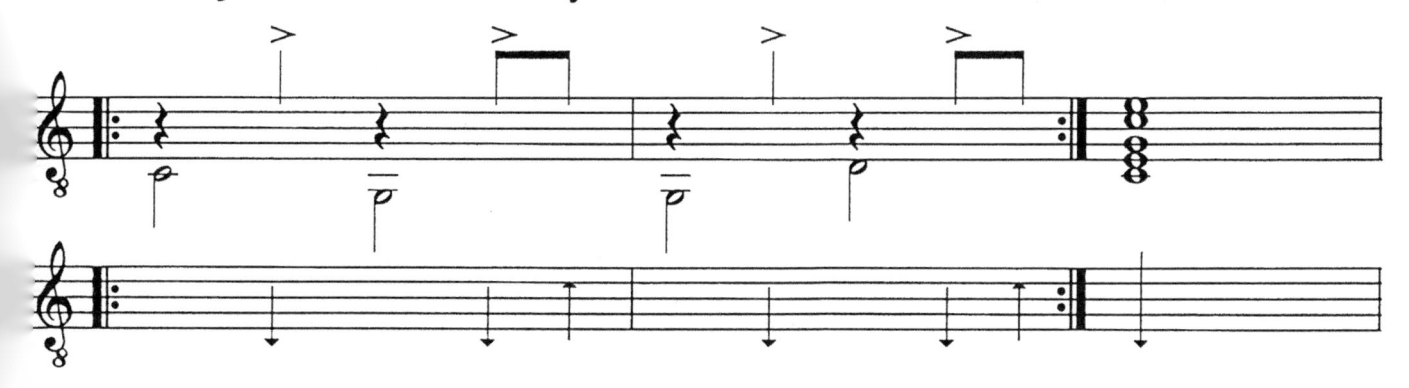

Convenção 9: Estilo Carter Family nº 3

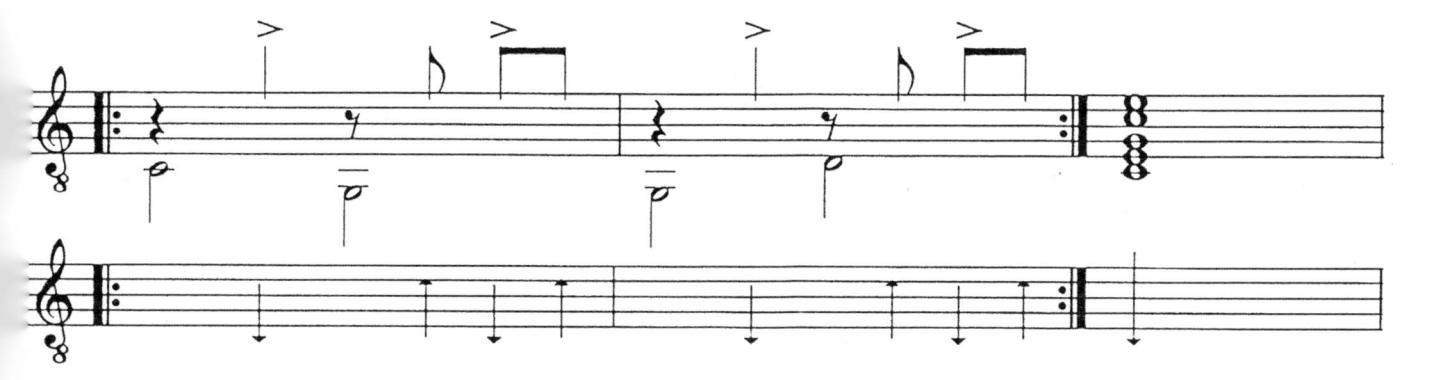

Convenção 10: Estilo Carter com Ligados Ascendentes e Descendentes nos Bordões

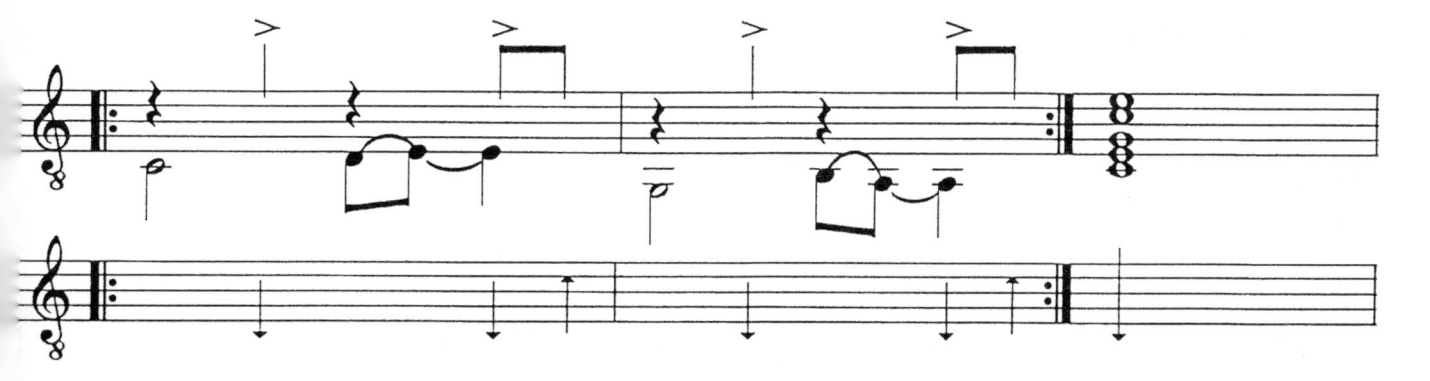

Convenção 11: Estilo Carter com Bass Run (Frases de Bordões)

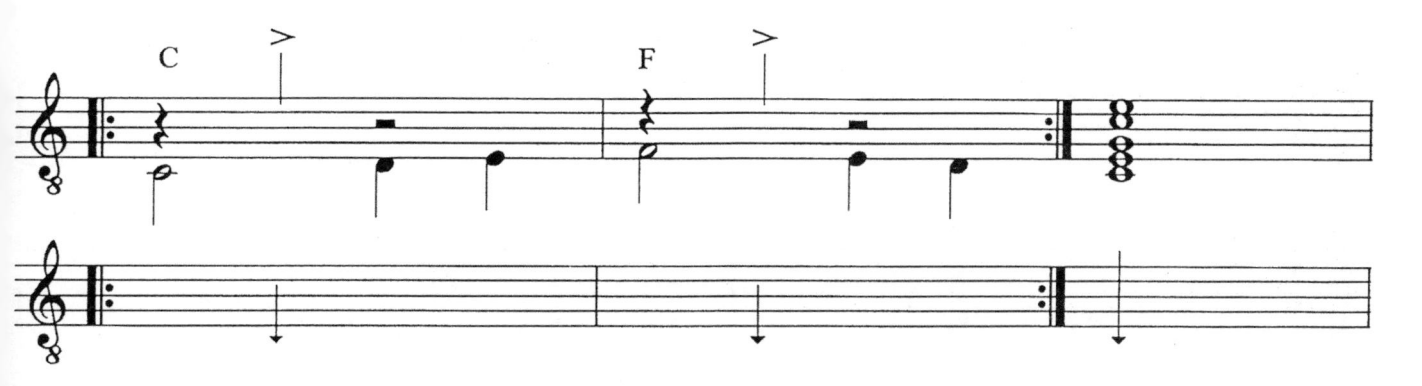

Levadas Rítmicas

Convenção 12: Balada

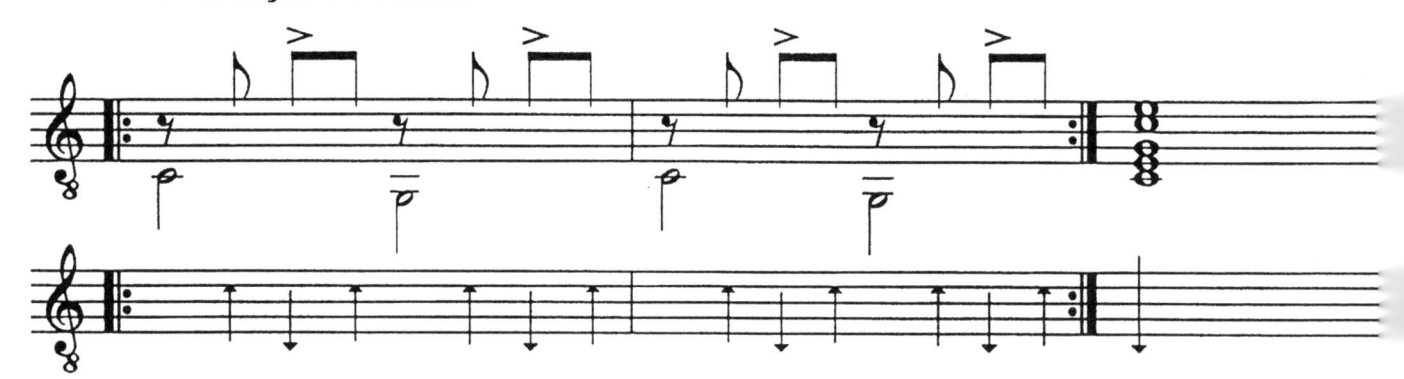

Obs.: 1. Essa Levada é bastante executada também com uso de Bass Run.

Convenção 13: Balada Tradicional com Frases de Ligação nos Baixos

Convenção 14: Balada em 3 / 4

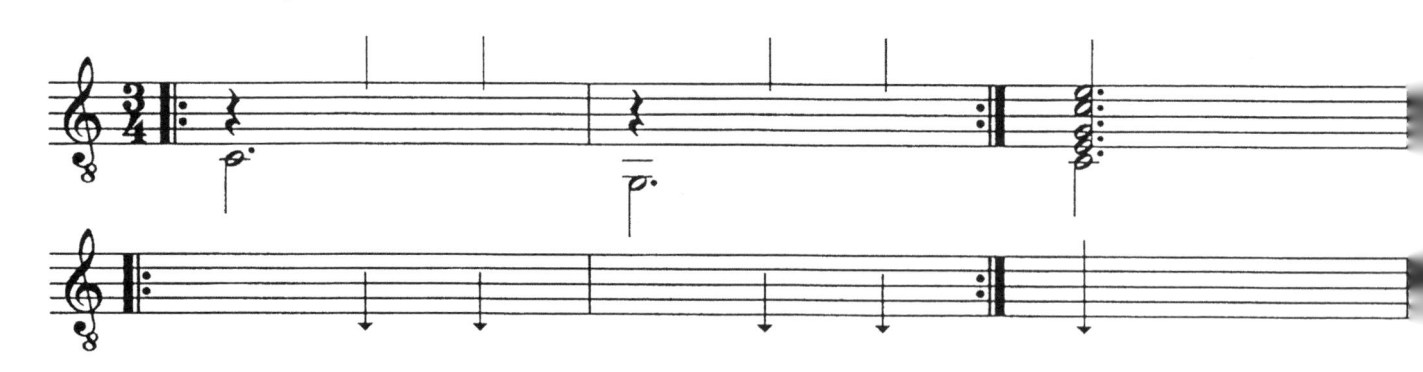

Convenção 15: Balada em 3 / 4 nº 2

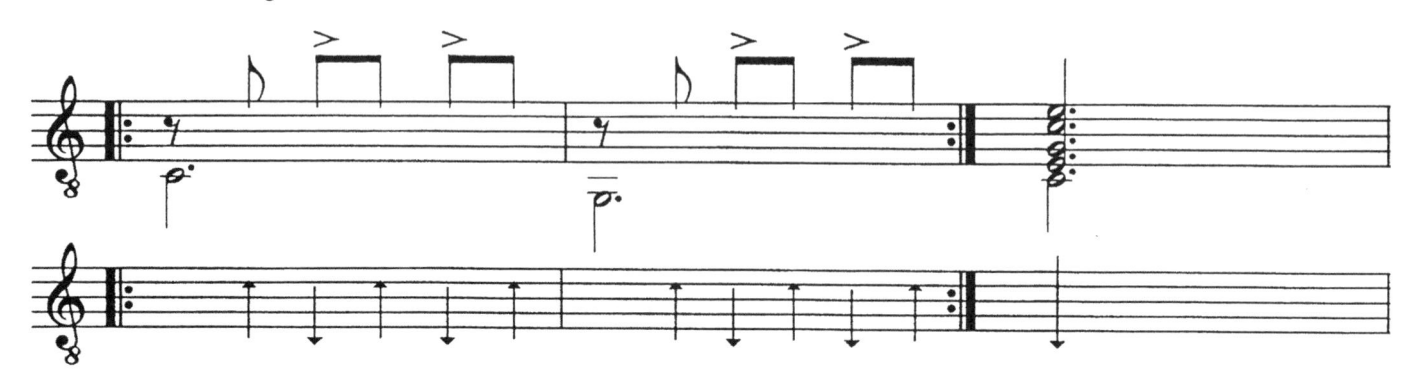

Levadas Rítmicas

6. REAGGAE (MM = 104 a 126) *(Execute com Padrão Tercinado)*

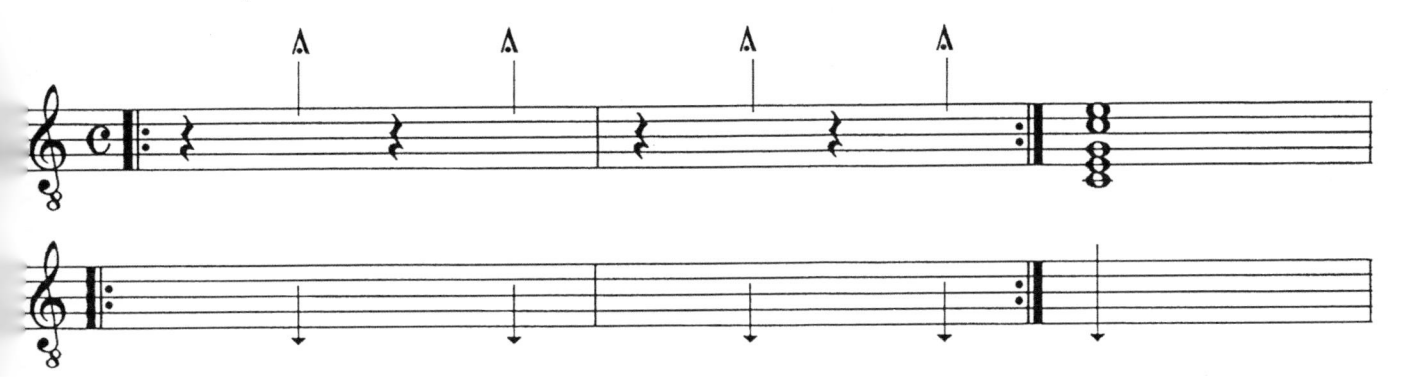

Convenção 1: Levada Tradicional

Convenção 2: Exemplo Anterior com Marcação dos Baixos

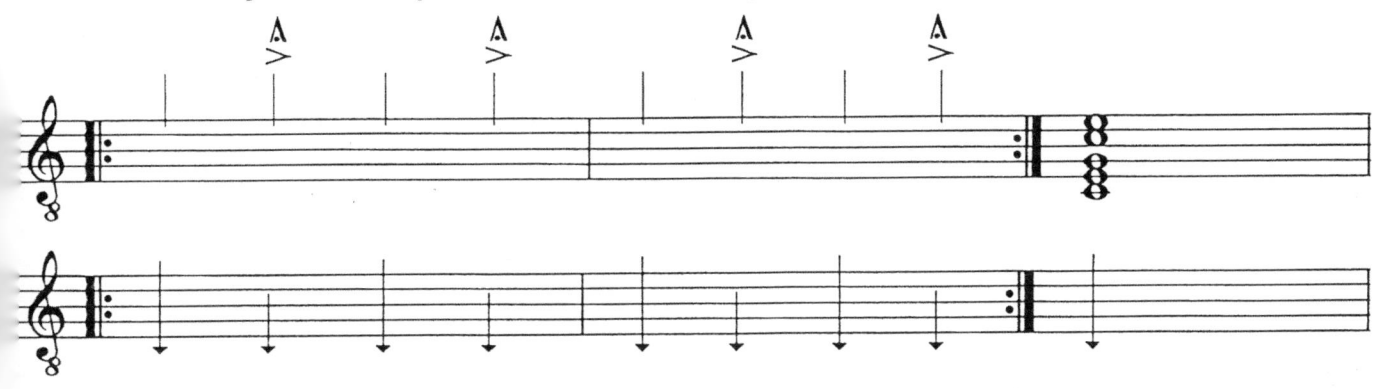

Convenção 3: Levada Tradicional com Staccatos em Colcheias

Convenção 4: Levada Tradicional em Colcheias

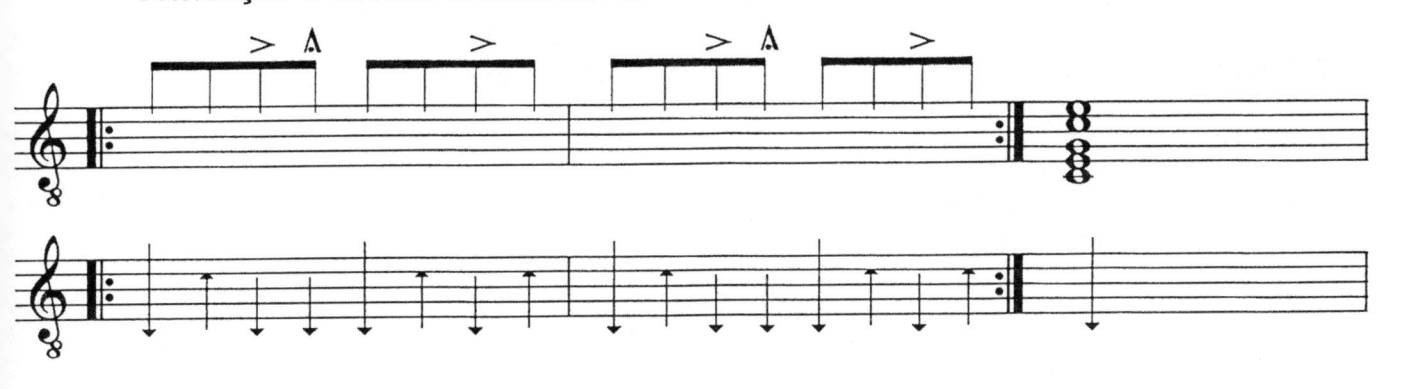

Levadas Rítmicas

Convenção 5: Ska (Andamentos Rápidos MM = 126 a 152)

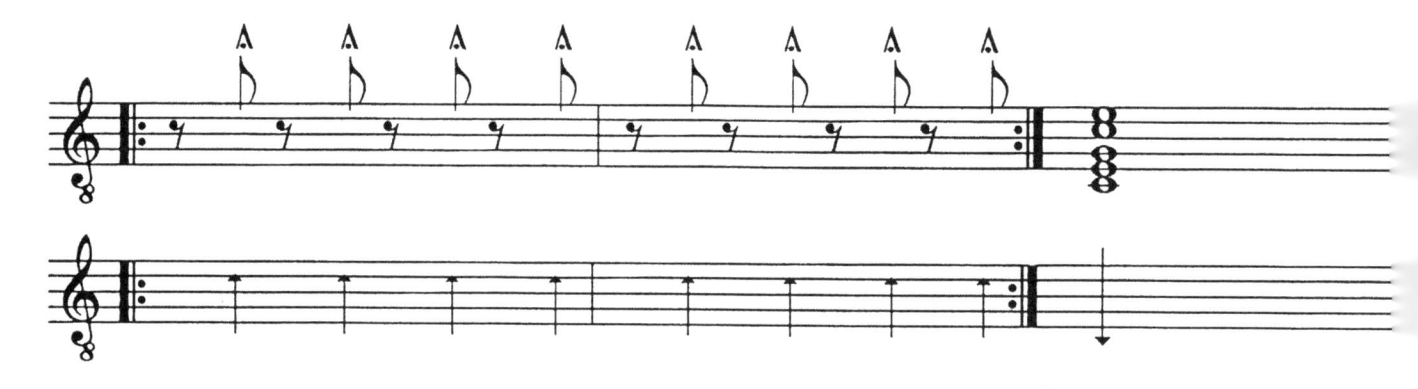

7. BALADA POP (MM = 80 a 88)

Convenção 1: Levada Tradicional

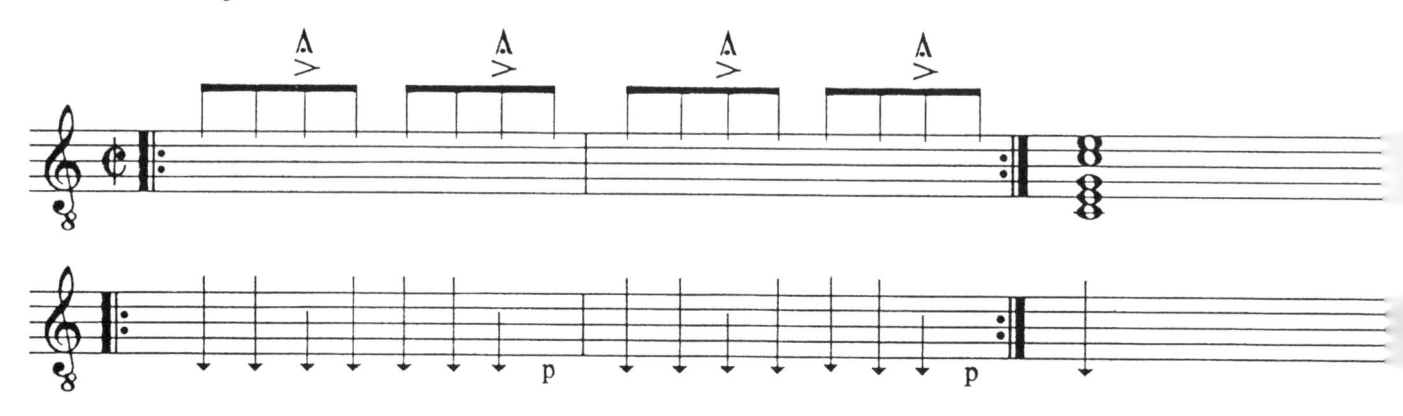

SUGESTÕES PARA REPERTÓRIO:

1. **Rock'n'Roll:** Rock Around the Clock (J. Knight e M. C. Freedman) / Tutti-Frutti (R. Penniman, J. Lubin e D. La Bostrie)
2. **Balada Anos 50:** Oh, Carol! (H. Greenfield e Neil Sedaka) / Only You (Ande Rand e Buck Ram)
3. **Estilo Beatles:** Tell Me Why (Lennon e McCartney) / And I Love Her (Lennon e McCartney)
4. **Folk Rock:** Moonshadow (Cat Stevens) / Song Sung Blue (Neil Diamond) / Cachorro Urubu (Raul Seixas e Paulo Coelho) / Chão de Giz (Zé Ramalho)
5. **Jovem Guarda:** Ana (Renato Barros) / Quando (Roberto Carlos)
6. **Rock Brasileiro Anos 80:** Será (Renato Russo) / Romance Ideal (Herbert Vianna) / Corações Psicodélicos (Lobão, Bernardo Vilhena e Júlio Barroso)
7. **Country:** On the Road Again (Willie Nelson) / Cowboy Fora-da-Lei (Raul Seixas e Cláudio Roberto) / Sweet Caroline (Neil Diamond)
8. **Reaggae:** Is This Love (Bob Marley) / Uma Brasileira (Herbert Vianna) / Vamos Fugir (Gilberto Gil e Liminha)
9. **Ska:** Lourinha Bom-Bril (Herbert Vianna)
10. **Balada Pop:** Gitâ (Raul Seixas e Paulo Coelho) / Outra Vez (Isolda)

Capítulo 6 - Ritmos Norte-Americanos

1. BLUES (MM = 60 a 120)   (Execute com Padrão Tercinado)

Convenção 1: Levada Tradicional para Blues Acústico

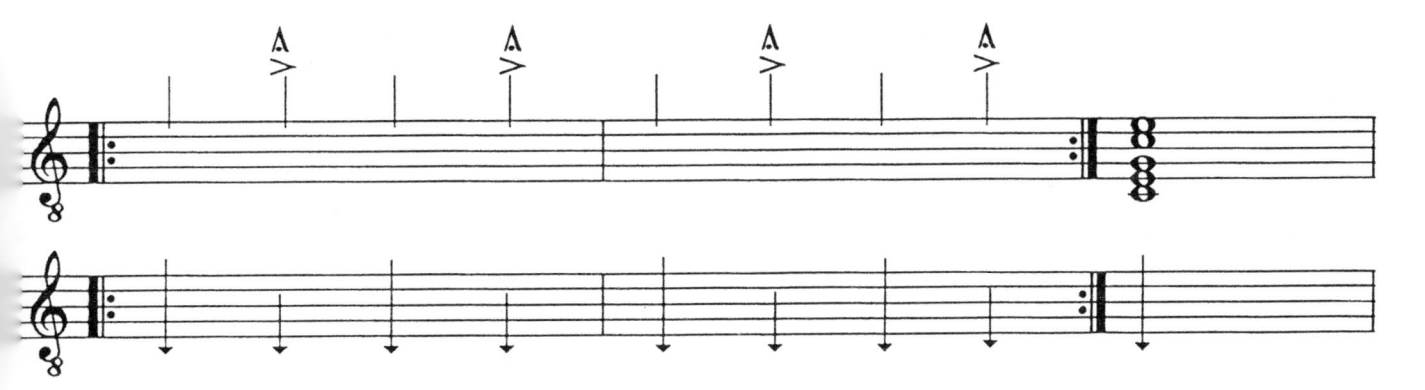

Convenção 2: Blues Ballad (Andamentos Lentos)

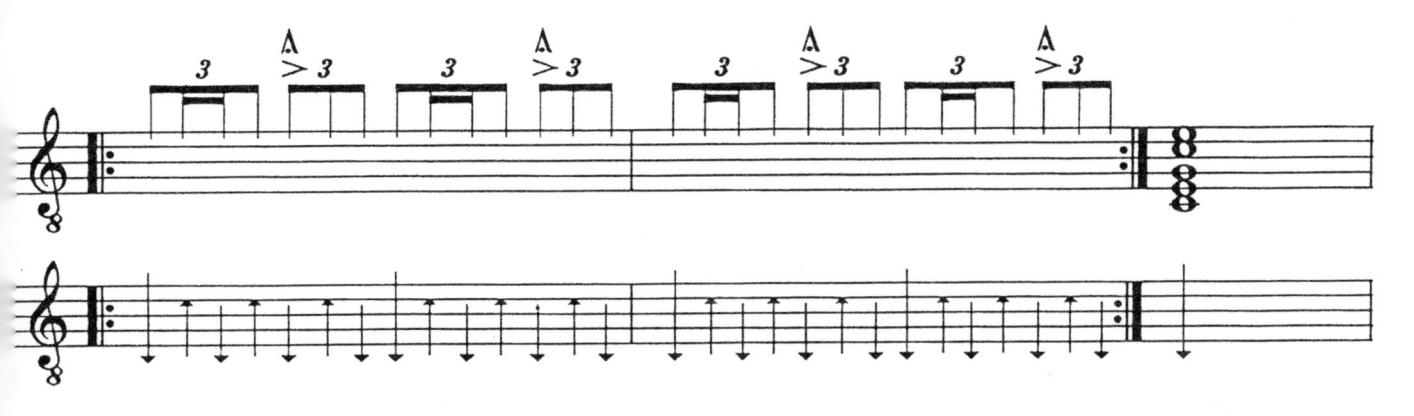

Convenção 3: Rhythm'n'Blues

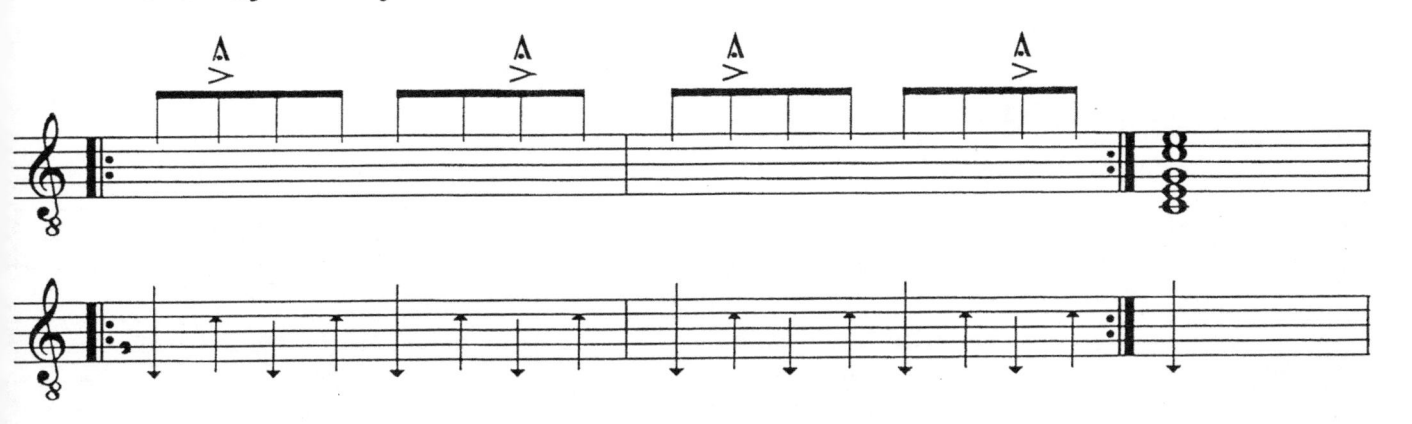

Levadas Rítmicas

Convenção 4: Blues Rock

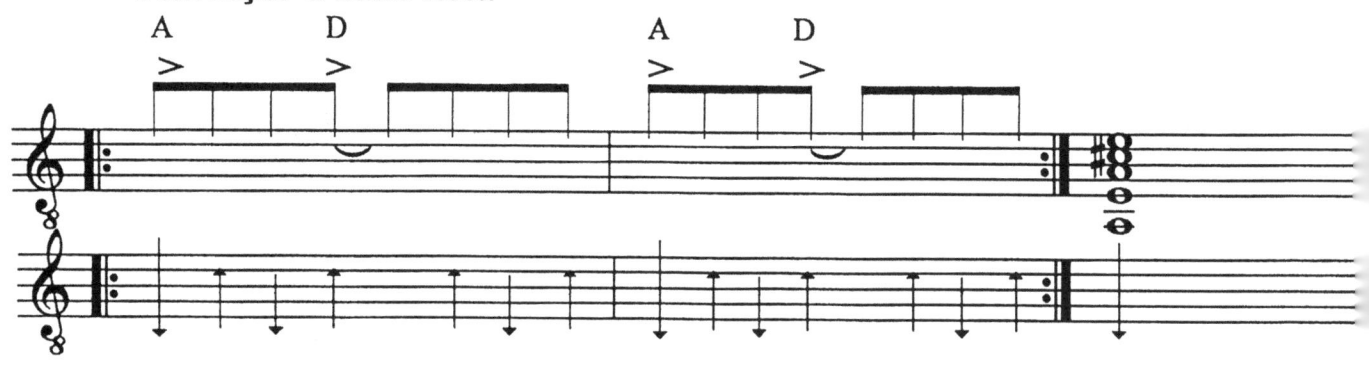

Convenção 5: Boogie Woogie

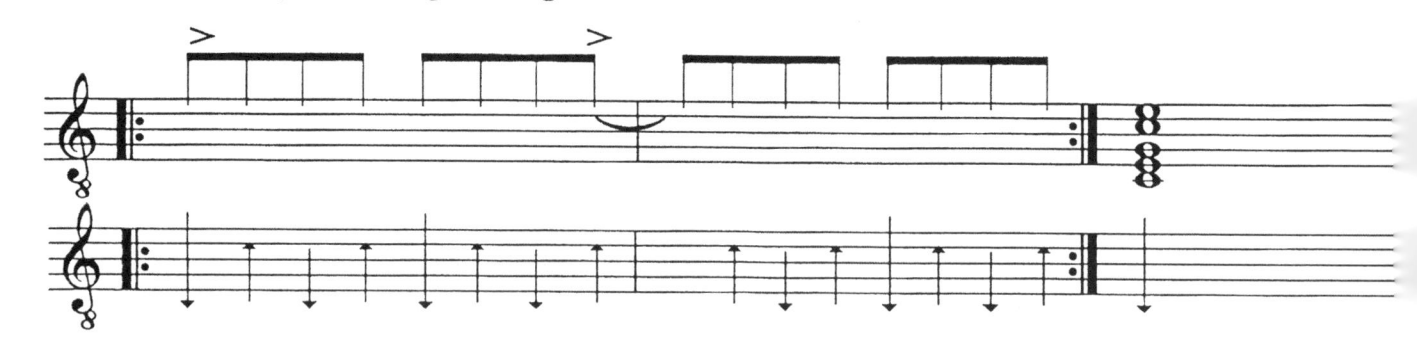

2. JAZZ (MM = 60 a 160) (Execute com Padrão Tercinado)

Convenção 1: Ragtime nº 1 (MM = 88 a 120)

Convenção 2: Ragtime nº 2

Obs.: Executa-se o Ragtime sem Padrão Tercinado.

Convenção 3: Traditional

Levadas Rítmicas

Convenção 4: Dixieland

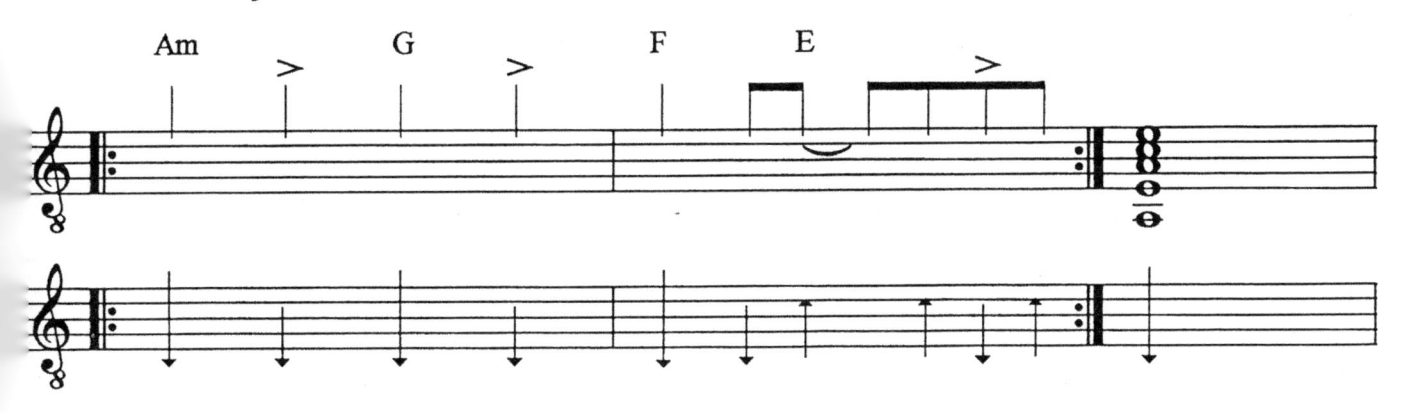

Convenção 5: Swing (MM = 80 a 132)

Convenção 6: Swing com Rasgueado (MM = 80 a 132)

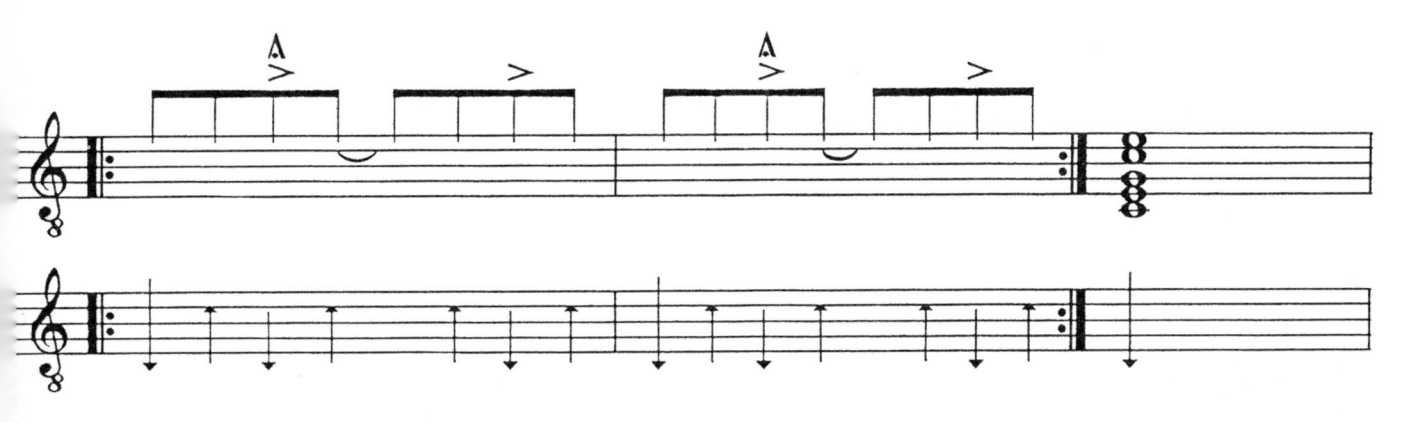

Convenção 7: Fox Trot (MM = 80 a 132)

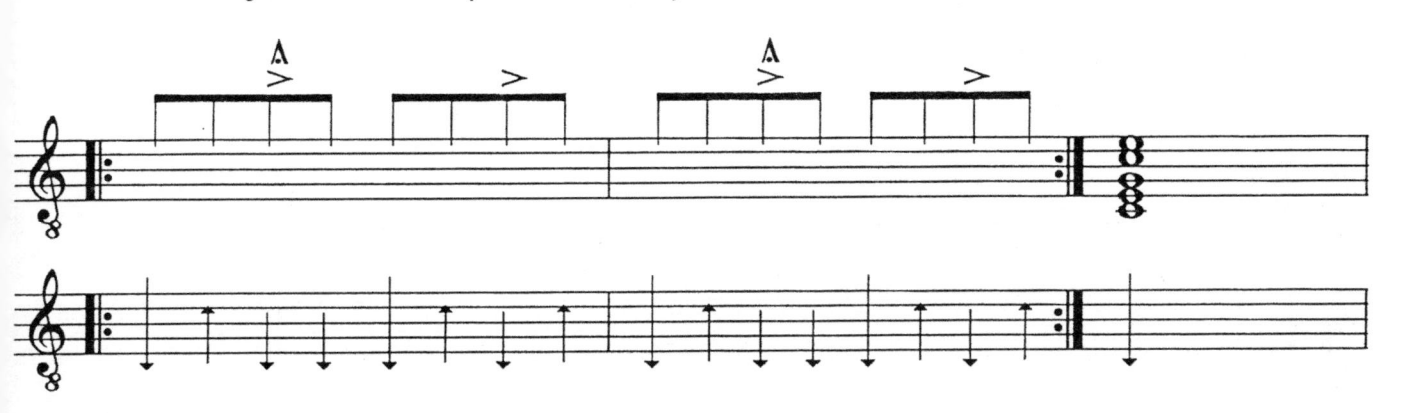

Levadas Rítmicas

Convenção 8: Bebop (MM = 144 a 208)

Com Rasgueado utiliza-se a Convenção 2 (Traditional) e sem Rasgueado utiliza-se a Convenção 4 (Swing). Para ambas, deve-se apenas acelerar o Andamento.

Convenção 9: Walking Bass

Obs.: Executa-se essa levada para quase todos os estilos do Jazz.

Convenção 10: Cool Jazz - Condução de Piano (MM = 72 a 88)

Convenção 11: Jazz Waltz

Convenção 12: Levada em 5 / 4

3. SOUL (MM = 92 a 126)

Convenção 1: Traditional Soul

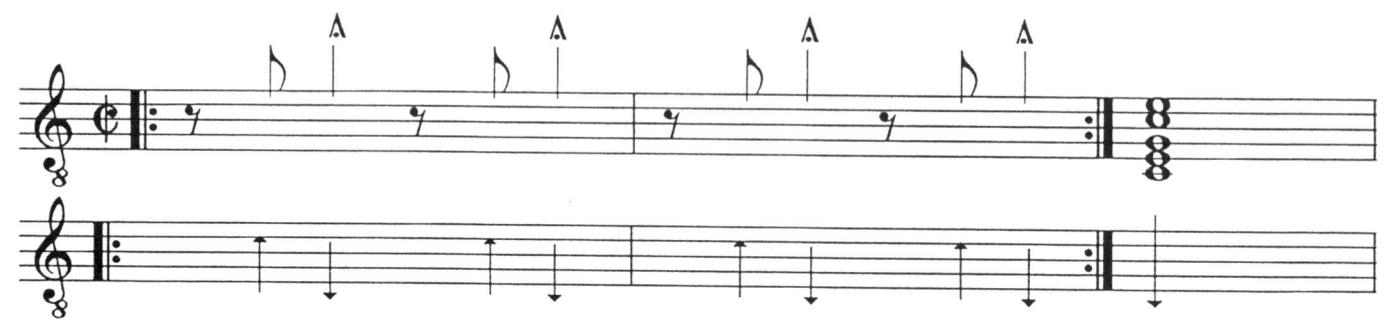

Levadas Rítmicas

Convenção 2: Stab (Ataques Rápidos)

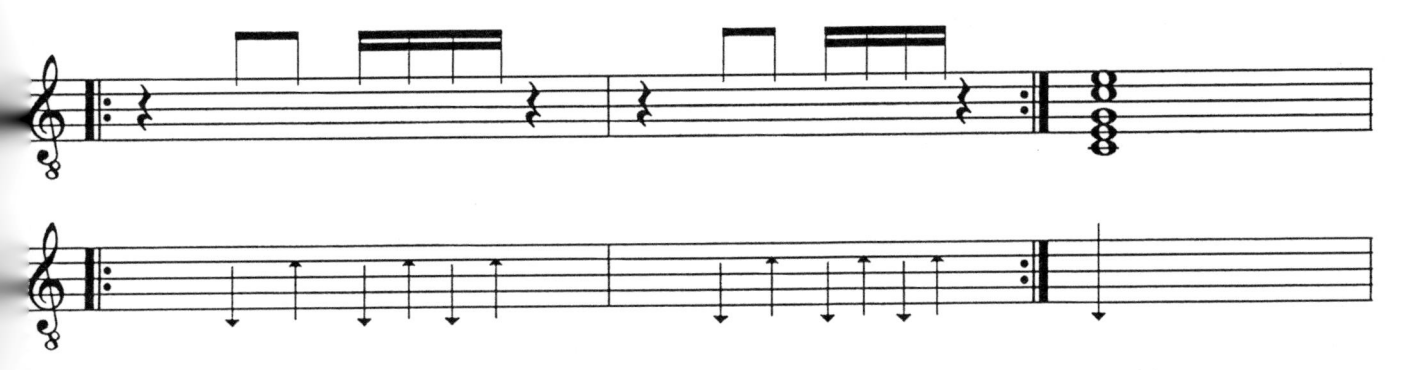

Convenção 3: Chops em Colcheias

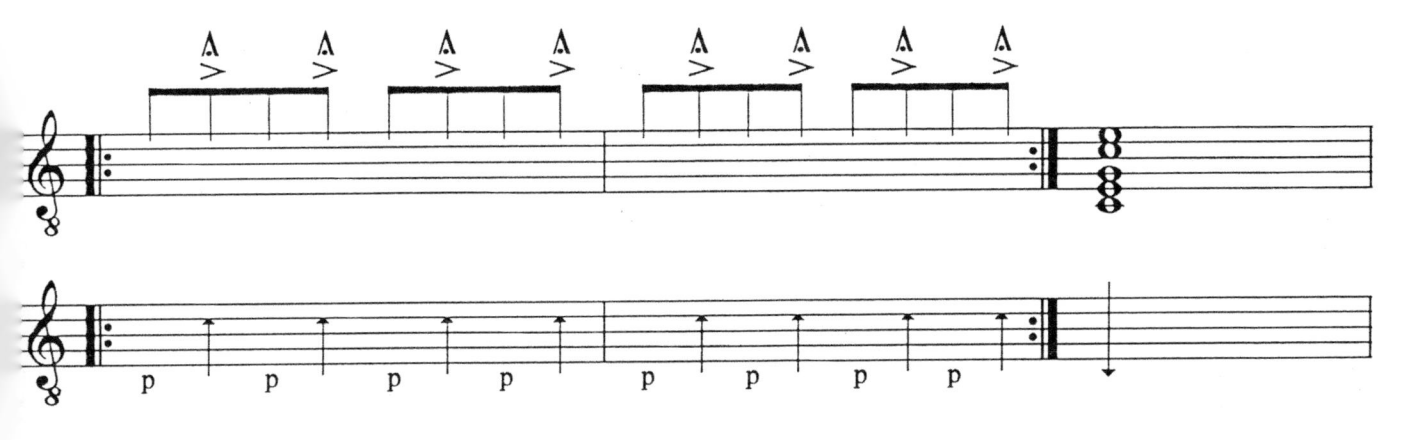

Convenção 4: Soul Ballad

Convenção 5: Soul Ballad com Rasgueado

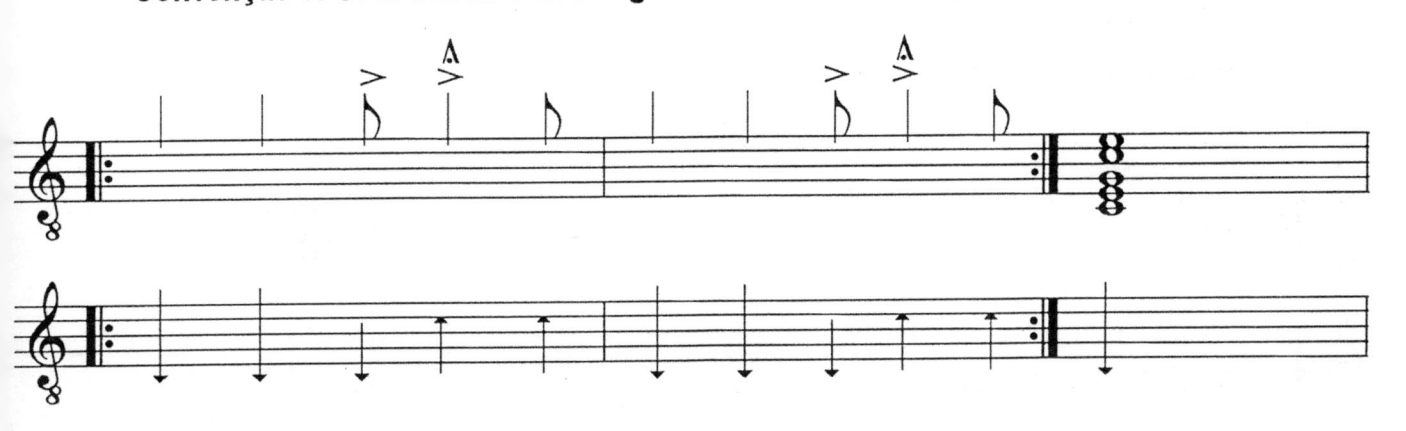

Levadas Rítmicas

4. FUNK (MM = 104 a 132)

Convenção 1: Levada Tradicional

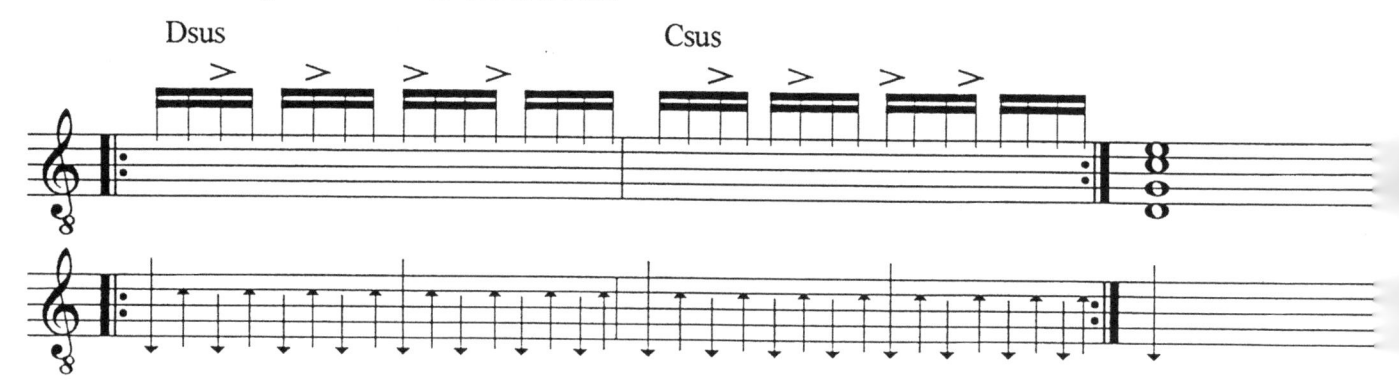

Obs.: 1) Todos os toques são abafados, exceto os Acentuados.
2) Pode-se executar com ou sem Padrão Tercinado.

Convenção 2: Funk Ballad

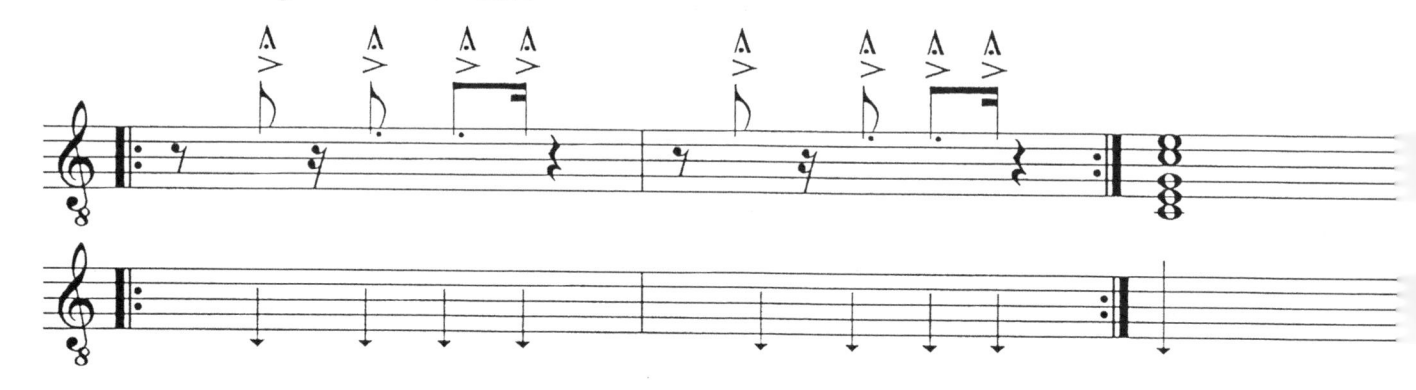

Convenção 3: Disco Music

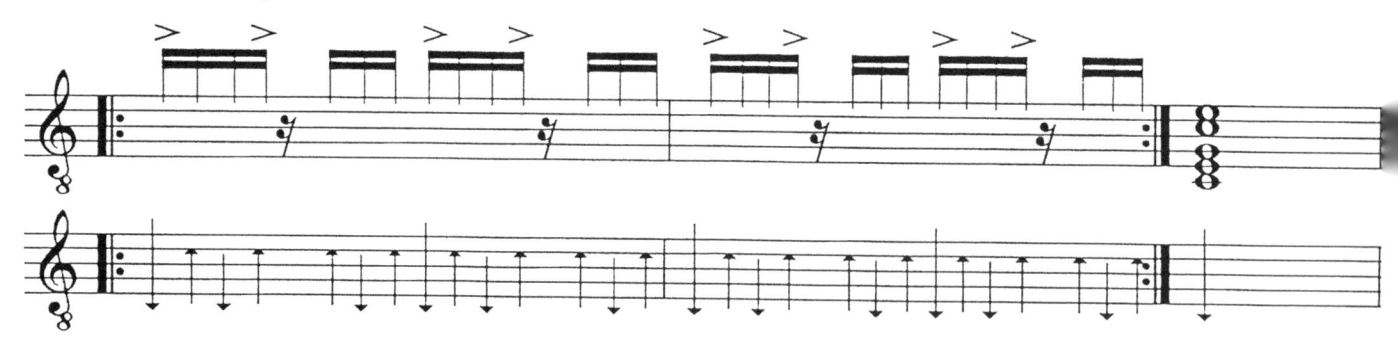

5. CHARLESTON (MM = 96 a 126)

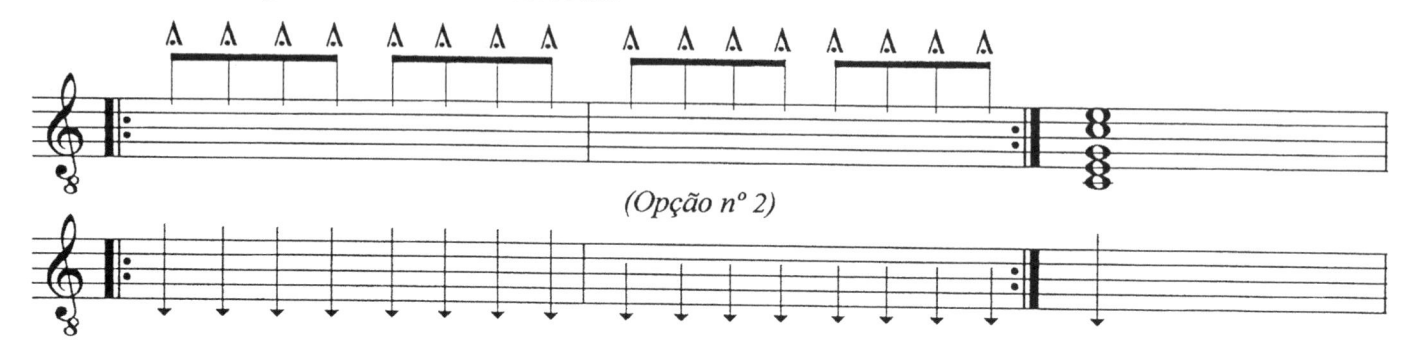

Convenção 1: Levada Tradicional

(Opção nº 2)

6. TWIST (MM = 160 a 176)

Convenção 1: Levada Tradicional

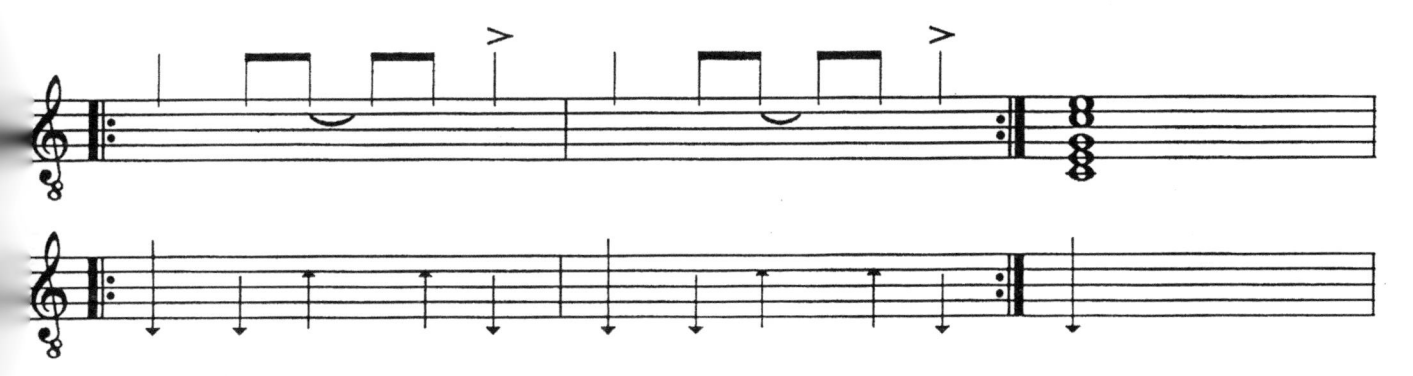

SUGESTÕES PARA REPERTÓRIO:

1. **Acoustic Blues:** Blues (Péricles Cavalcanti) / Love in Vain (Robert Johnson)
2. **Blues Ballad:** The House of the Rising Sun (Eric Burdon) / Me and Mrs. Jones (Gamble, Huff e Gilbert)
3. **Blues Traditional:** Canceriano Sem Lar (Raul Seixas) / So Long Boemia (André Christovam)
4. **Blues Rock:** Cocaine (Eric Clapton) / Beth Balanço (Frejat e Cazuza)
5. **Ragtime:** The Entertainer (Scott Joplin)
6. **Dixieland:** A História de um Homem Mau (Roberto Carlos)
7. **Swing:** Moonlight Serenade (Glenn Miller e M. Parish) / In A Sentimental Mood (D. Ellington, I. Mills e Kurtz)
8. **Fox-Trot:** Nada Além (Custódio Mesquita e Mário Lago)
9. **Bebop:** Scrapple From the Apple (Charlie Parker) / Bebop (John Coltrane)
10. **Estilo Walking Bass:** O Leãozinho (Caetano Veloso)
11. **Cool Jazz:** Body and Soul (Green) / Música Suave (Roberto Carlos e Erasmo Carlos)
12. **Jazz Waltz:** Chovendo na Roseira (Tom Jobim) / Domingo (Caetano Veloso)
13. **Jazz em 5/4:** Adriana (Roberto Menescal e Lula Freire) / Take Five (Paul Desmond)
14. **Soul Ballad:** Azul da Cor do Mar (Tim Maia) / A Lua e Eu (Cassiano e Paulo Zdanowski)
15. **Romantic Soul:** Retratos e Canções (Sullivan e Massadas)
16. **Soul Tradicional:** Sad Song (Ottis Redding e S. Cropper)
17. **Funk Ballad:** Dez Mais Um Amor (Ed Motta e Ronaldo Bastos)
18. **Funk Balanço:** O Descobridor dos Sete Mares (Tim Maia)
19. **Charleston:** Yes, Sir That's My Baby (W. Donaldson e Gus Khan)
20. **Twist:** Let's Twist Again (Chubby Checker)

Levadas Rítmicas

Capítulo 7 - Ritmos Latinos

1. BOLERO (MM = 88 a 100)

Convenção 1: Levada Tradicional

Convenção 2: Levada de Contrabaixo

Convenção 3: Bolero Suingado

Convenção 4: Levada Tradicional com Rasgueado

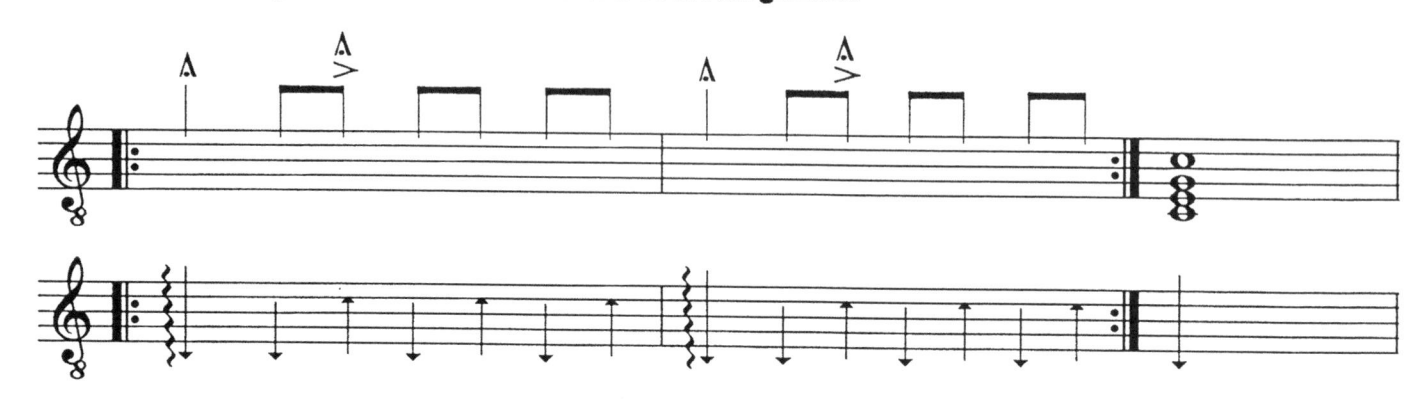

Levadas Rítmicas

2. HABANERA (MM = 72 a 84)

Convenção 1: Levada Tradicional

3. MERENGUE (MM = 126 a 132)

Convenção 1: Levada Tradicional

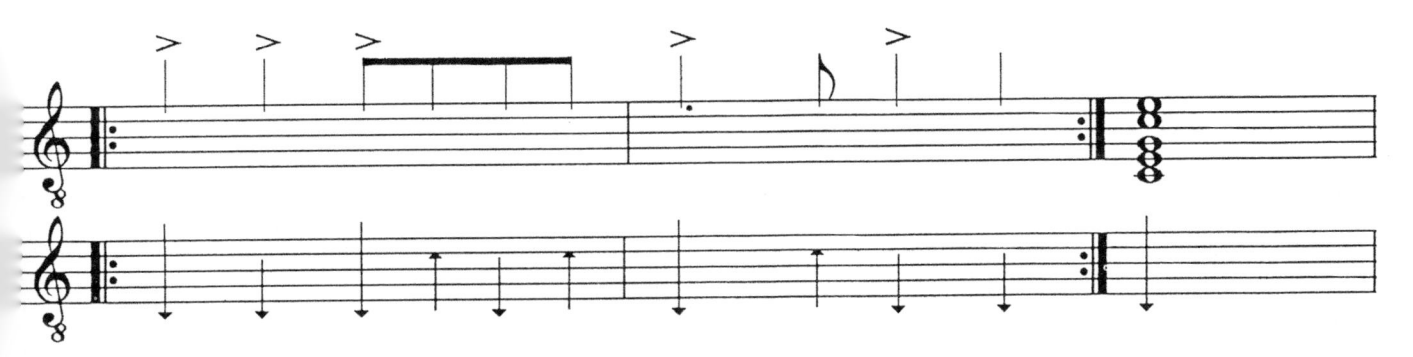

4. CHA-CHA-CHA (MM = 112 a 120)

Convenção 1: Levada Tradicional

5. BEGUINE (MM = 100 a 108)

Convenção 1: Levada Tradicional

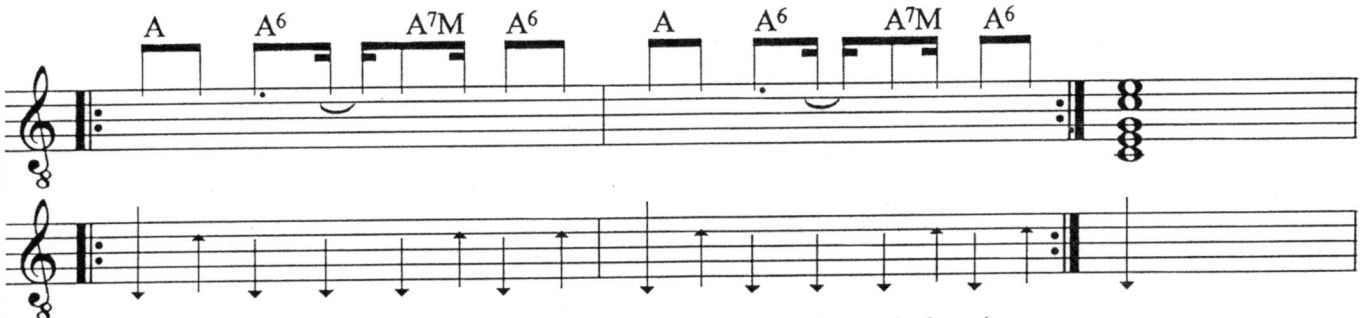

Obs.: Para maior efeito Rítmico, conduzir as Extensões na Ponta do Acorde.

Levadas Rítmicas

6. CONGA (MM = 120 a 132)

Convenção 1: Levada Tradicional

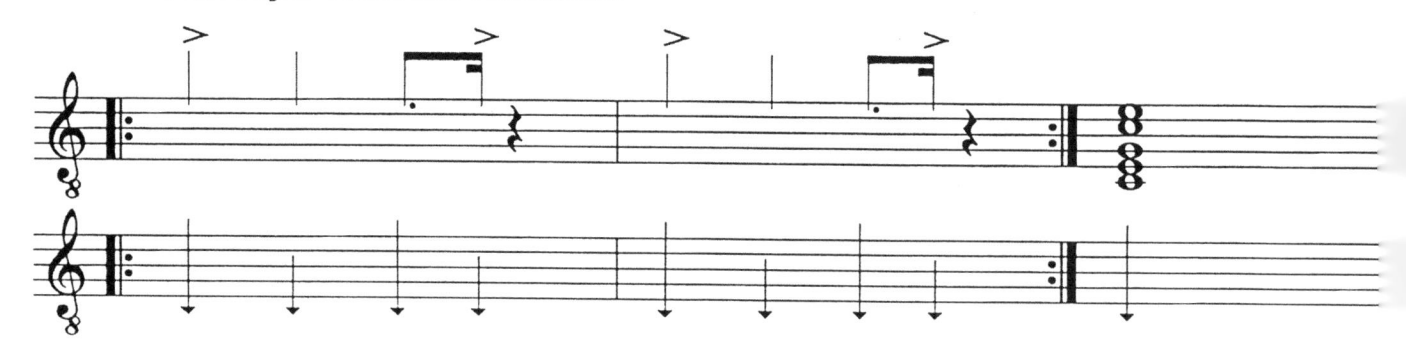

7. MONTUNO (MM = 108 a 112)

Convenção 1: Levada Tradicional

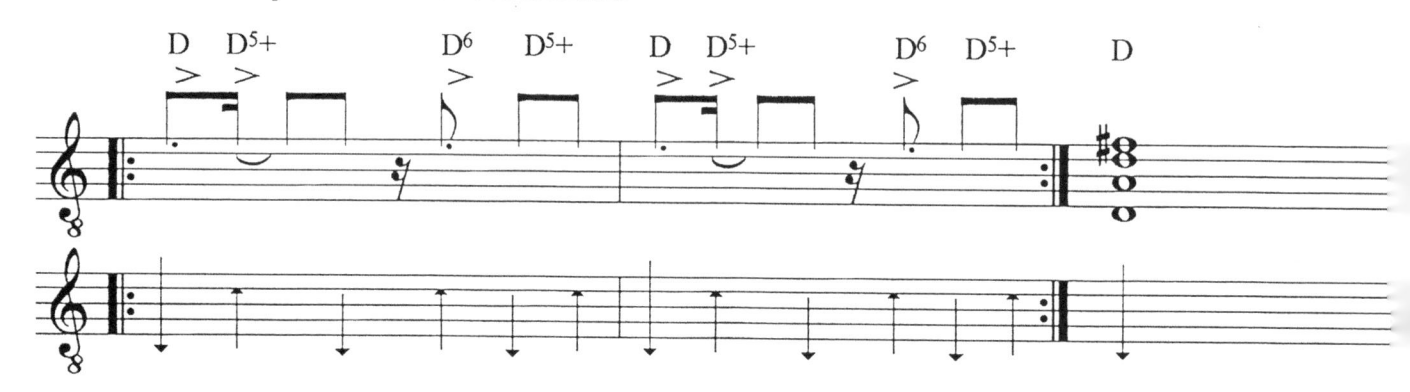

8. SALSA (MM = 66 a 84)

Convenção 1: Levada Tradicional

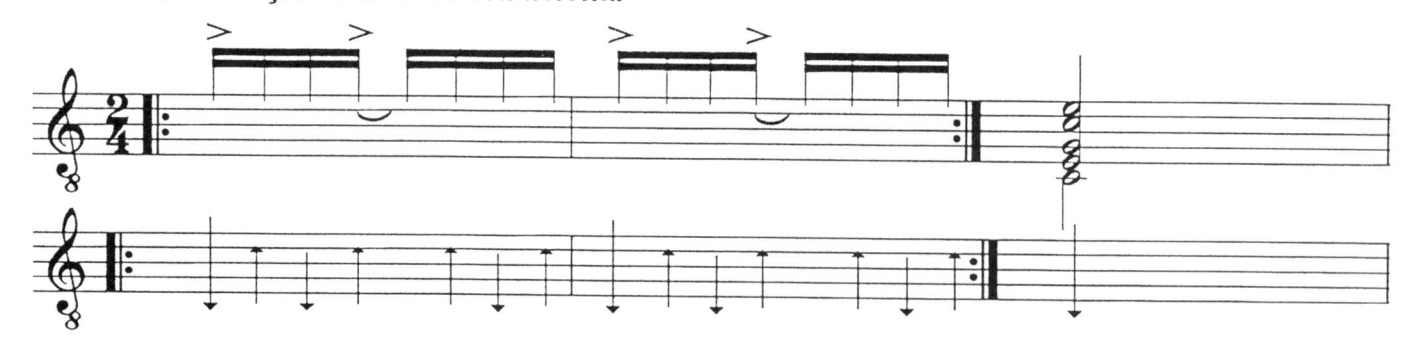

9. RUMBA (MM = 92 a 104)

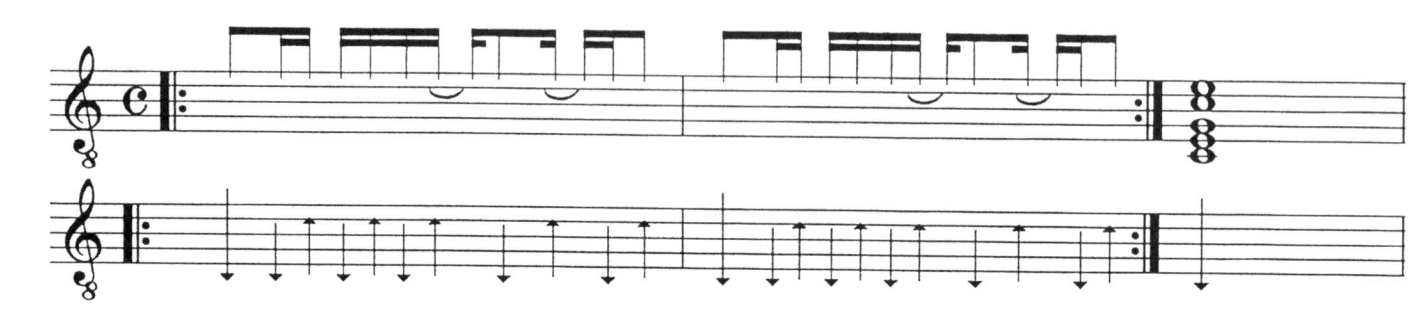

Convenção 1: Levada Tradicional

10. GUARÂNIA (MM = 80 a 104)

Convenção 1: Levada Tradicional

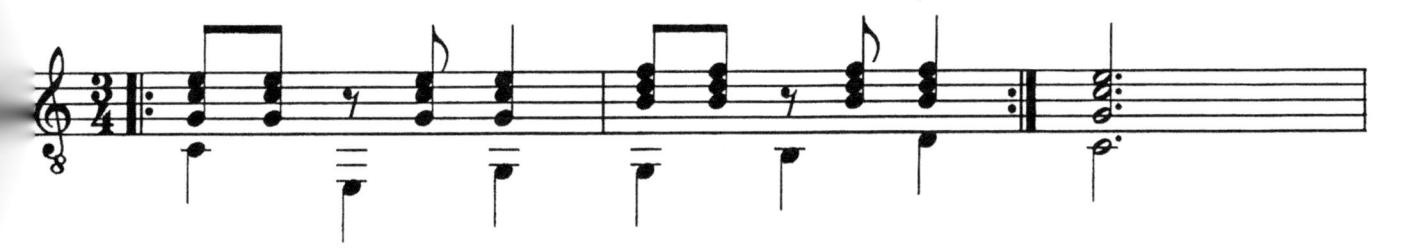

Convenção 2: Levada Tradicional com Rasgueado

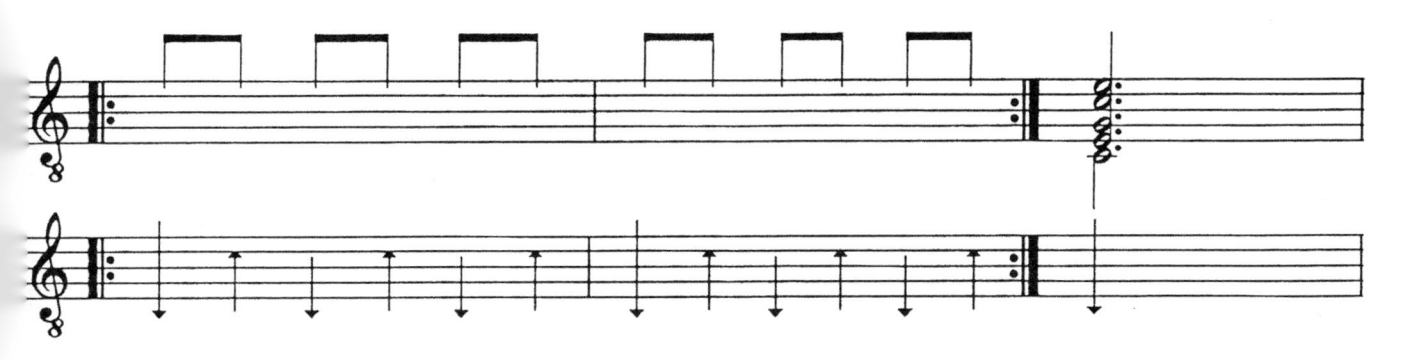

Convenção 3: Levada Tradicional com Rasgueado nº 2

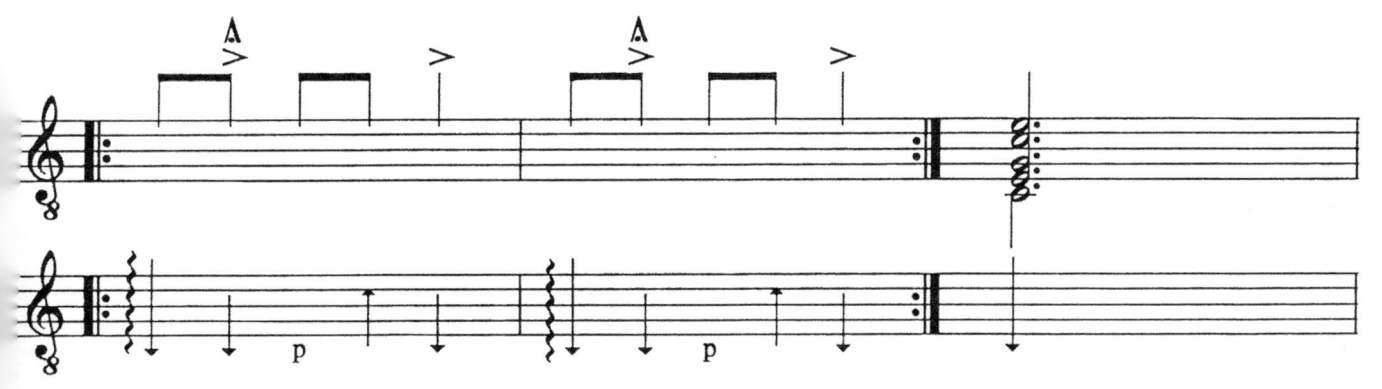

11. TANGO (MM = 88 a 112)

Convenção 1: Levada Tradicional

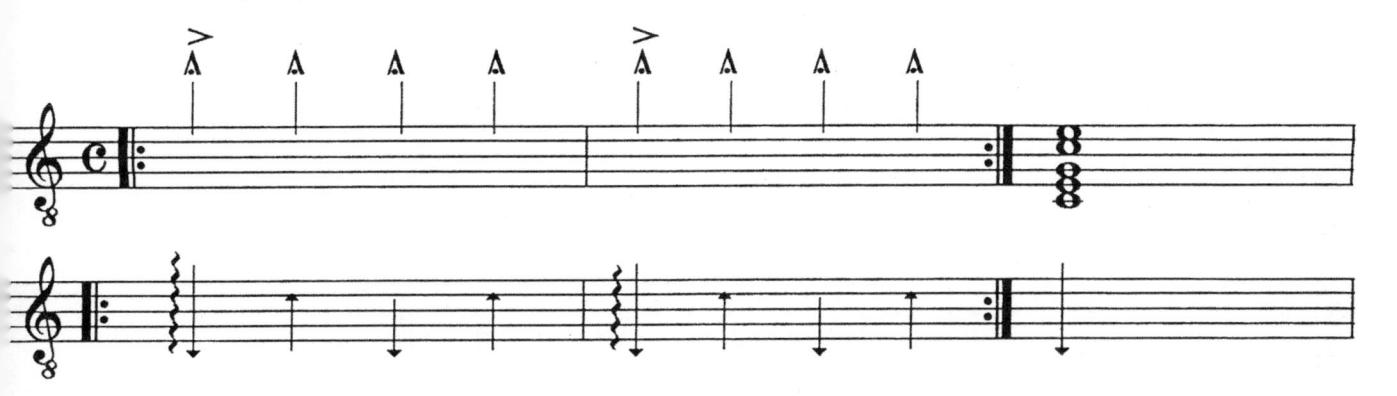

Levadas Rítmicas

Convenção 2: Levada Tradicional nº 2

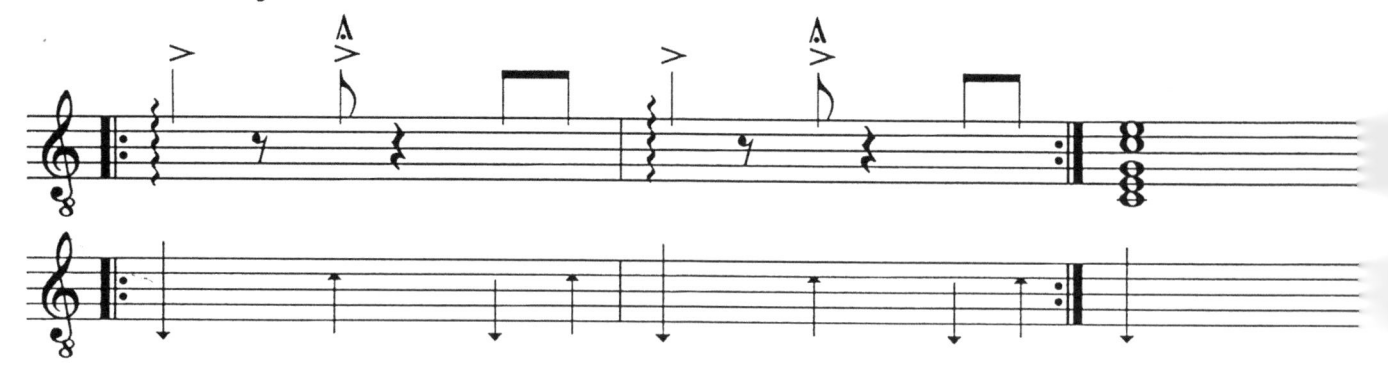

12. ZAMBA (MM = 88 a 96)

Convenção 1: Levada Tradicional

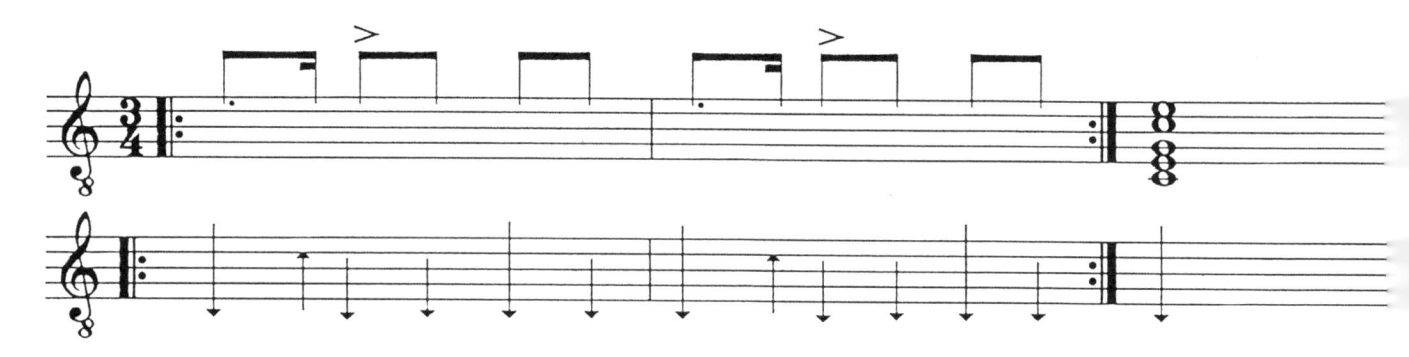

13. CHACARERA (MM = 54 a 60)

Convenção 1: Levada Tradicional

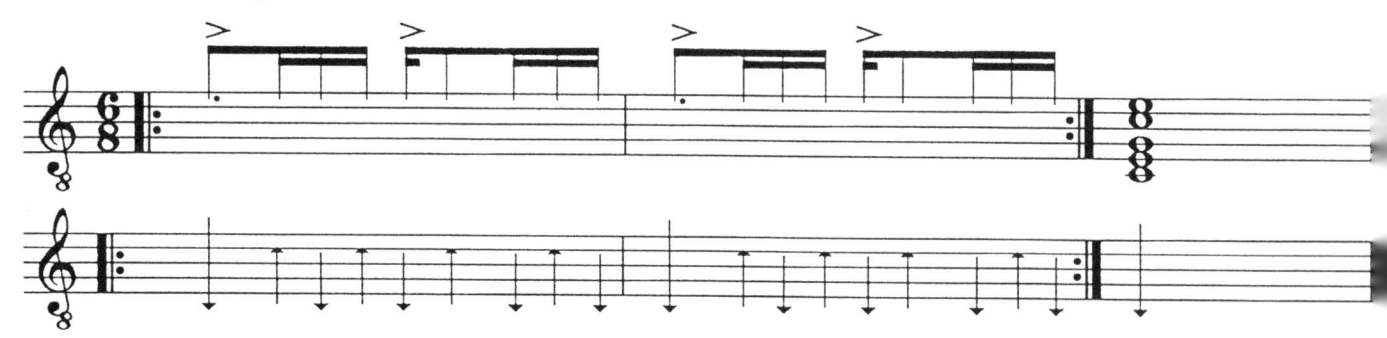

14. CUECA (MM = 92 a 100)

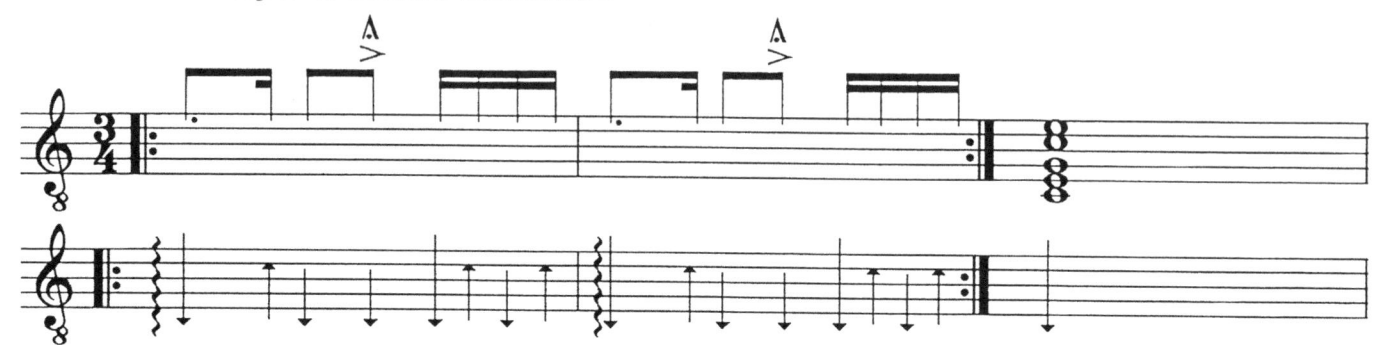

Convenção 1: Levada Tradicional

15. CARNAVALITO (MM = 88 a 96)

Convenção 1: Levada Tradicional

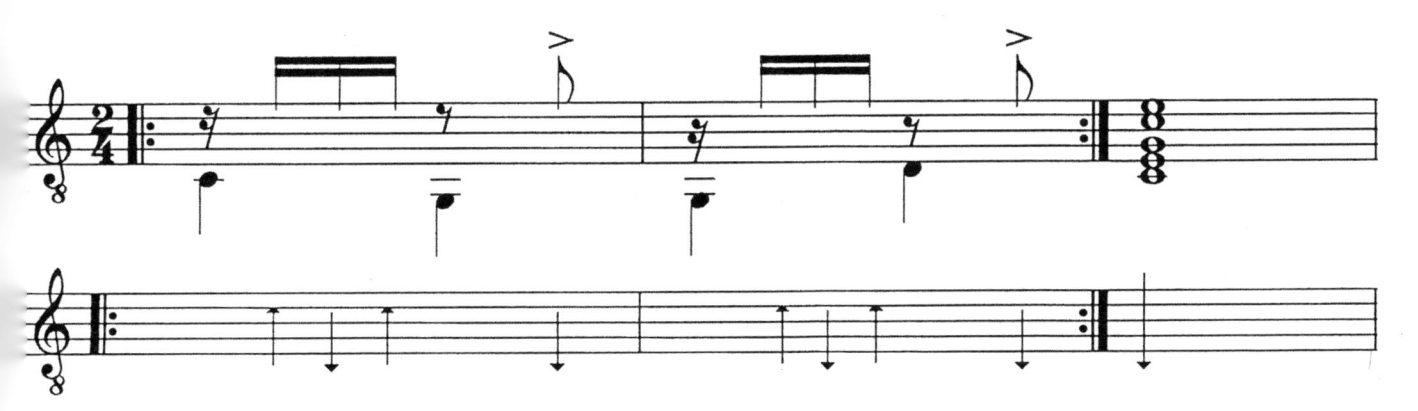

16. MILONGA (MM = 66 a 72)

Convenção 1: Levada Tradicional

17. VALSEADO VENEZUELANO (MM = 96 a 104)

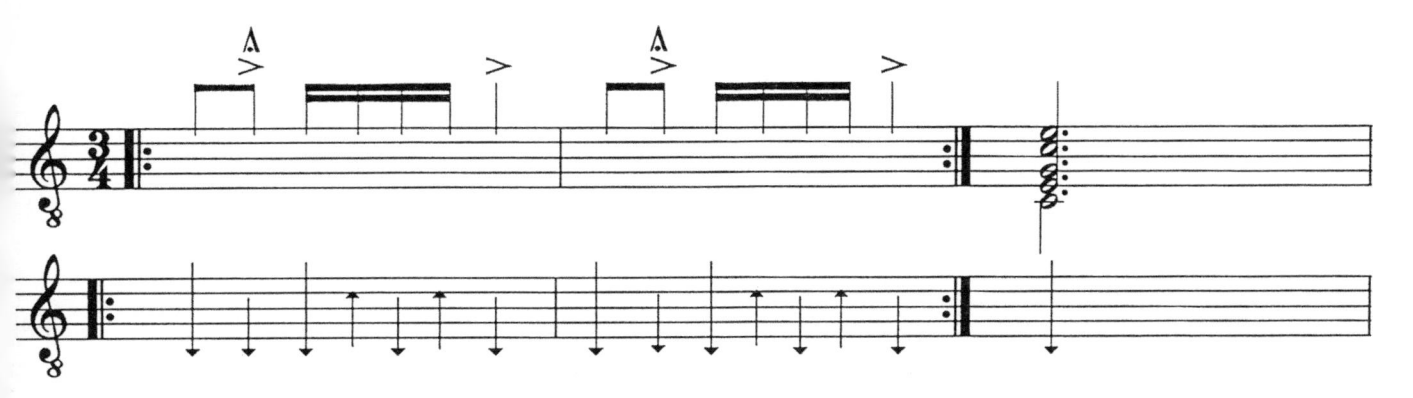

Convenção 1: Levada Tradicional

Levadas Rítmicas

SUGESTÕES PARA REPERTÓRIO:

1. Bolero: Besame Mucho (Consuelo Velásquez) / Solamente Una Vez (Agustín Lara) / Papél-Marché (João Bosco e Capinam)
2. Habanera: La Paloma (Iradier)
3. Merengue: El Merengue (A. Agúera)
4. Chá-Chá-Chá: El Bodeguero (Richard Egues) / Oye Como Vá (Tito Puente) / Nasci Para Bailar (João Donato)
5. Salsa: Soy Loco Por Ti América (Gilberto Gil, Torquato Neto e Capinam) / Como Se Fosse a Primavera (Pablo Milanés e Nicolas Guillen)
6. Conga: Conga de la Habana (Vazquez e Mendivil) / Divina Decadência (Sà e Guarabyra)
7. Rumba: Entre dos Aguas (Paco de Lucia e J. Torregrosa)
8. Guarânia: Chalana (Mário Zan e Arlindo Pinto) / Índia (M. O. Guerrero e J. A. Flores versão de José Fortuna) / Meu Primeiro Amor (José Fortuna e Pinheiro Jr.)
9. Tango: La Cumparsita (G. Mattos Rodriguez, E. P. Maroni e P. Contursi) / Cuesta Abajo (Carlos Gardel e A. Le Pera) / Adiós Muchachos (J. C. Sanders e C. Vedani)
10. Zamba: La Churqueña (Atahualpa Yupanqui)
11. Chacarera: La Vieja (Hnos Díaz e Oscar Valles)
12. Cueca: Entre San Juan y Mendoza (Carlos Montbrun, Ocampo e H. Videla Flores)
13. Carnavalito: El Humahuaqueño (Edmundo P. Saldívar)
14. Milonga: Los Ejes de Mi Carreta (Atahualpa Yupanqui e Romildo Risso)
15. Valseado Venezuelano: El Marabino (Antonio Lauro)

Levadas Rítmicas

Capítulo 8 - Ritmos Europeus

1. VALSA (MM = 72 a 144)

Convenção 1: Valsa Vienense Tradicional

Convenção 2: Valsa Vienense com Rasgueado

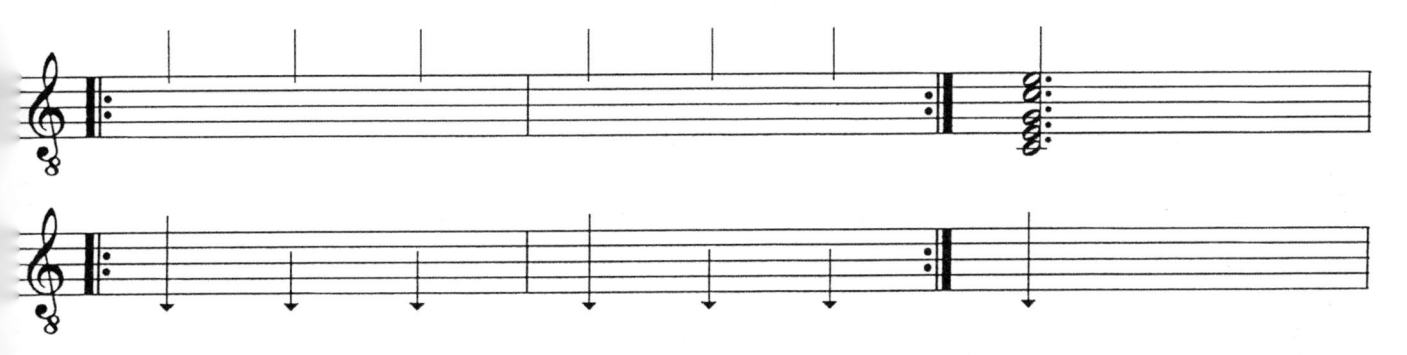

Convenção 3: Valsa Francesa (Canção em 3/4) *(Execute com Padrão Tercinado)*

Convenção 4: Valsa Francesa com Rasgueado

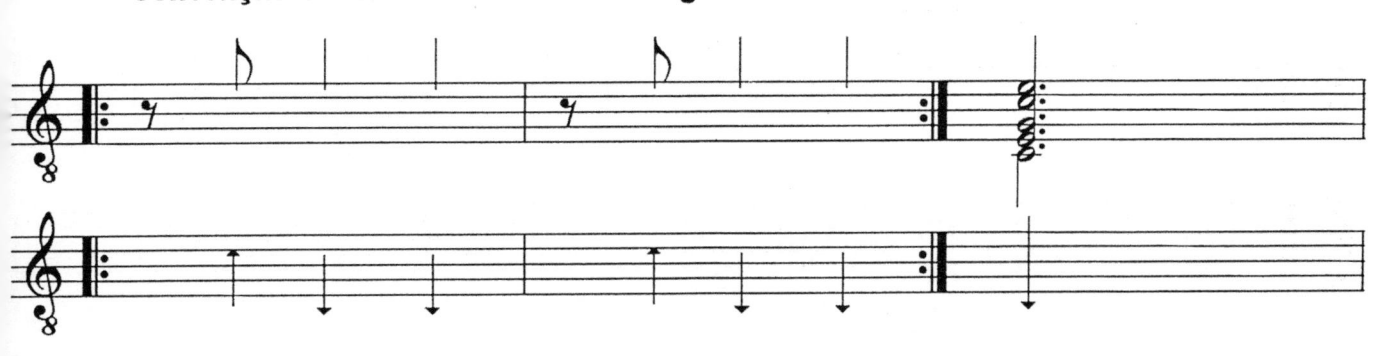

Levadas Rítmicas

Convenção 5: Valsa Espanhola

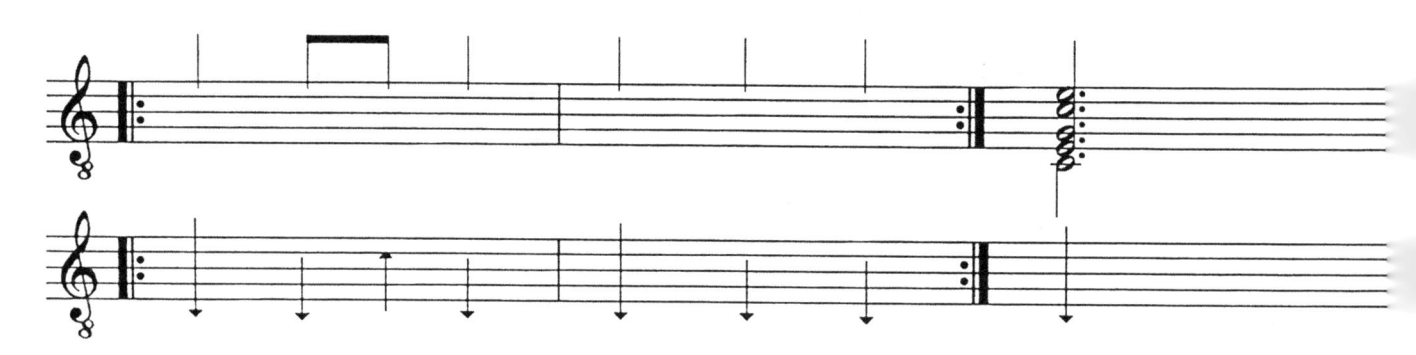

2. POLKA (MM = 72 a 84)

Convenção 1: Levada Tradicional

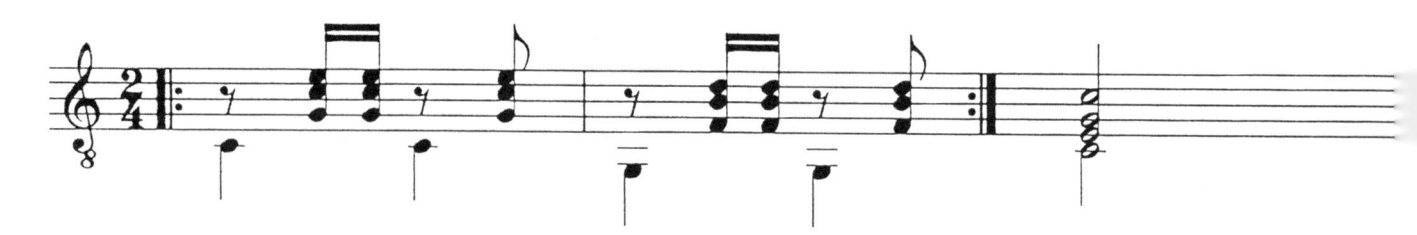

Convenção 2: Levada Tradicional com Rasgueado

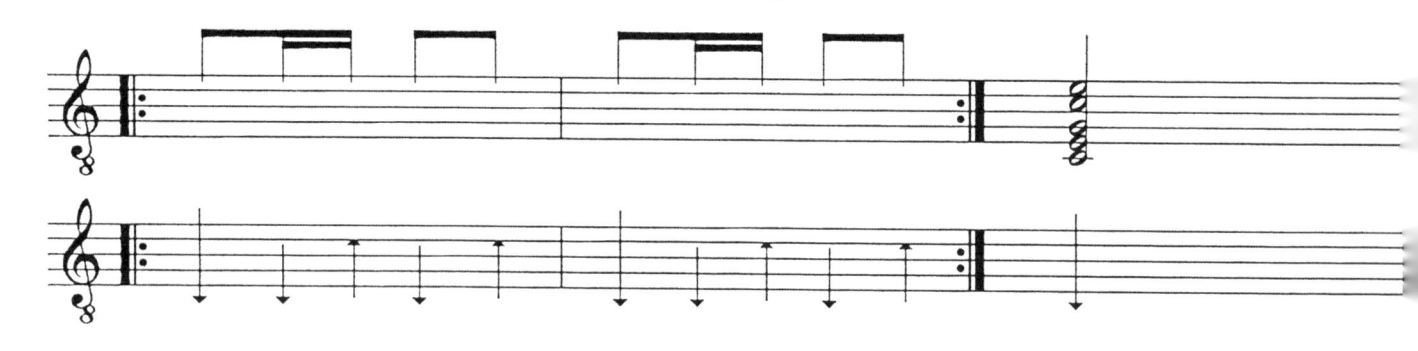

3. MAZURKA (MM = 104 a 108)

Convenção 1: Mazurka Tradicional

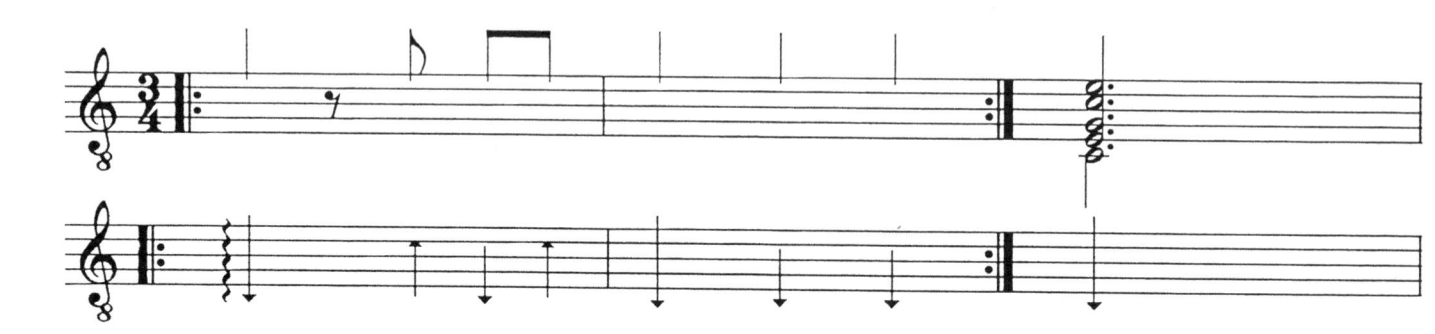

4. SCHOTTISH (MM = 66 a 72)

Convenção 1: Levada Tradicional

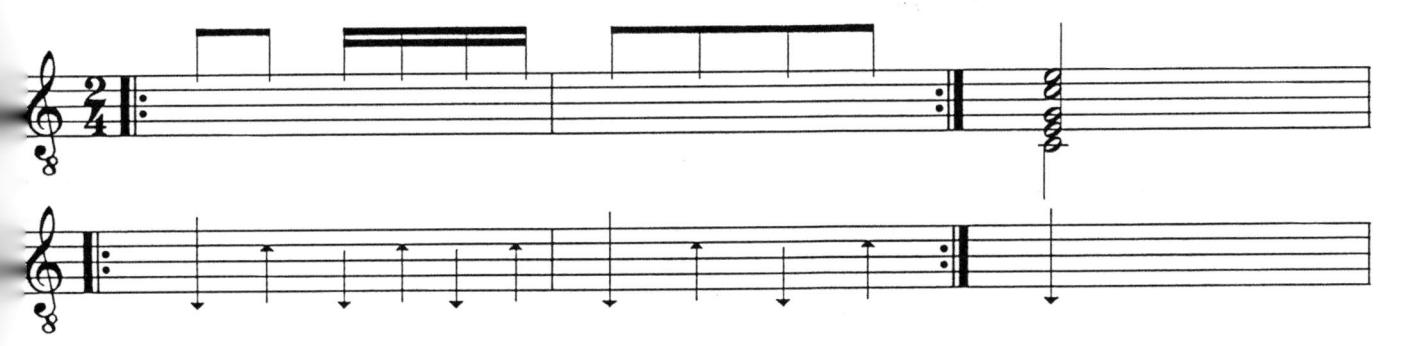

5. FLAMENCO (MM = 120 a 144)

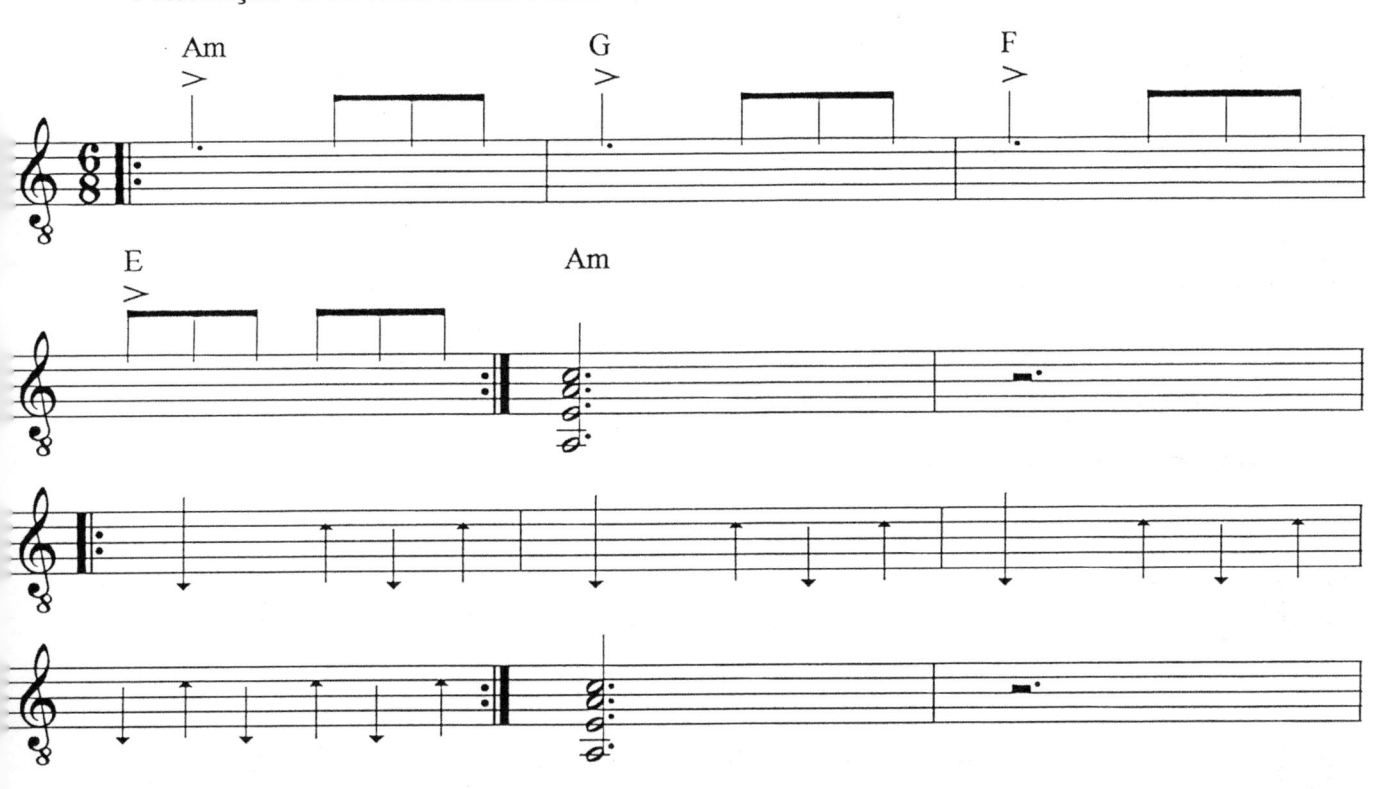

Convenção 1: Levada Tradicional

Am G F

E Am

Convenção 2: Fandango (MM = 126 a 138)

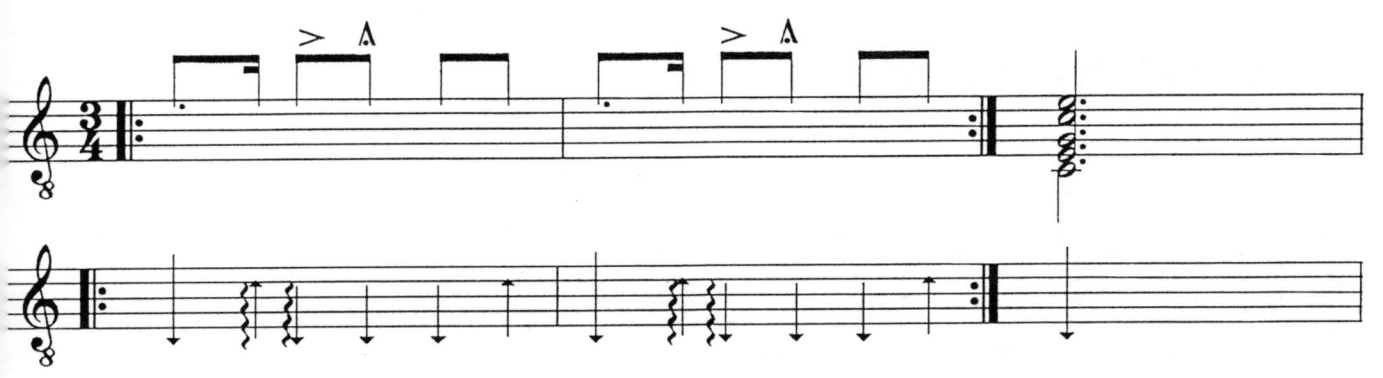

Levadas Rítmicas

Convenção 3: Zapateado (MM = 138 a 144)

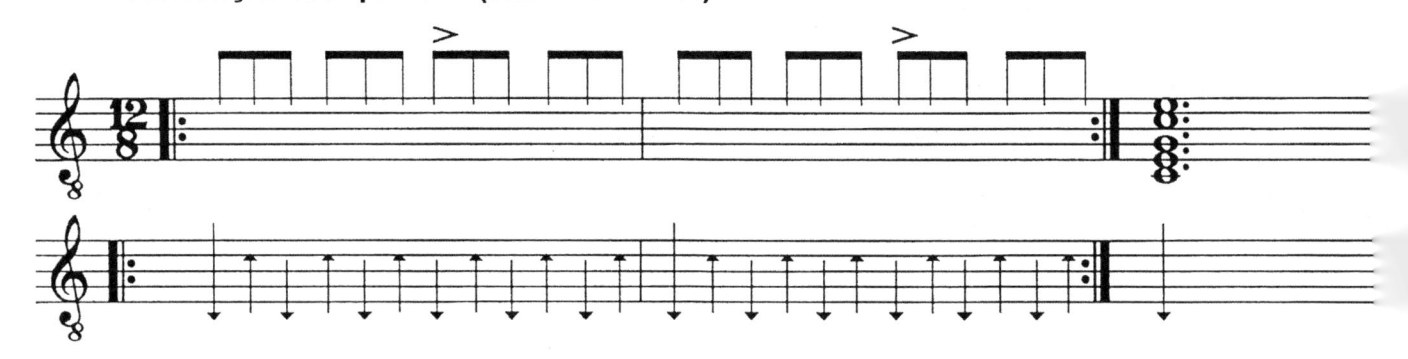

6. CHANSON (MM = 120 a 132)
Convenção 1: Levada Tradicional

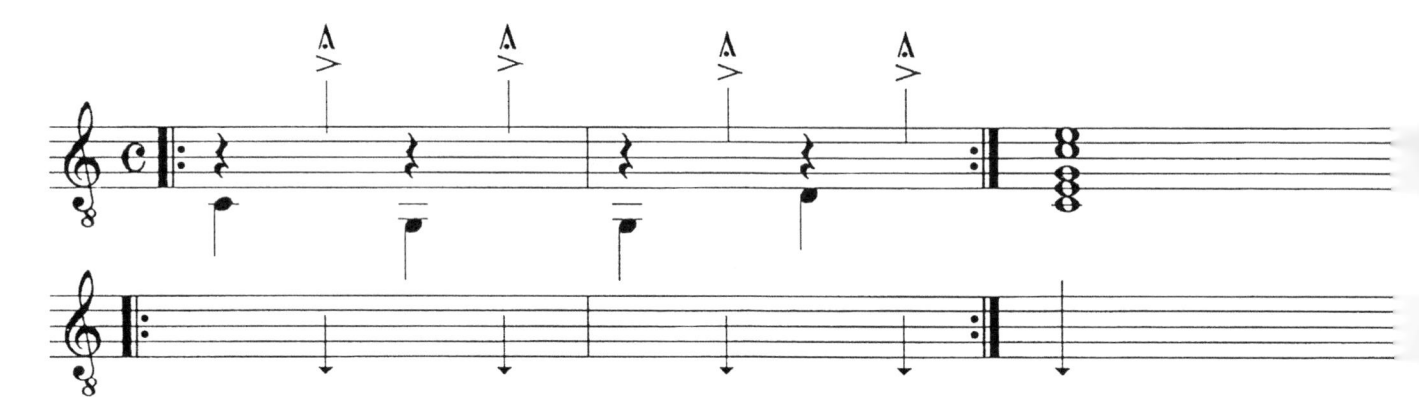

7. TARANTELA (MM = 126 a 138)
Convenção 1: Levada Tradicional   *(Execute com Padrão Tercinado)*

8. FADO (MM = 54 a 66)
Convenção 1: Levada Tradicional

9. VIRA (MM = 84 a 92)

Convenção 1: Levada Tradicional

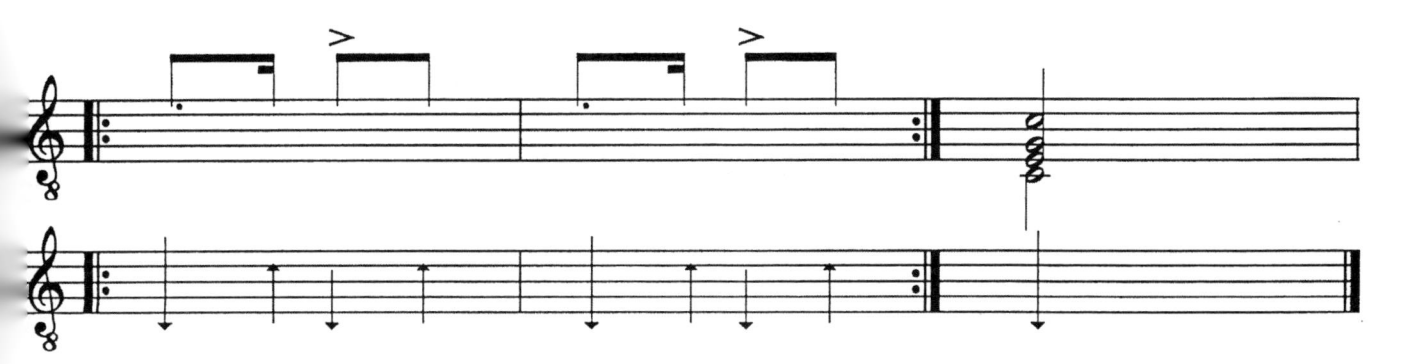

Obs.: Executar a Colcheia Pontuada do 1º Tempo com Padrão Tercinado.

SUGESTÕES PARA REPERTÓRIO:

1. Valsa: Rosa (Pixinguinha) / Eu Sonhei Que Tu Estavas Tão Linda (Lamartine Babo e Francisco Matoso)
2. Valsa Francesa: Live For Life (Francis Lai)
3. Polka: Flor Amorosa (Joaquim A. da Silva Calado)
4. Schottisch: Yara (Anacleto de Medeiros)
5. Fandango: Punta Umbría (Paco de Lucia e L. Torregrosa)
6. Zapateado: Percusión Flamenca (Paco de Lucia e J. Torregrosa)
7. Chanson: Un Homme et Une Femme (Francis Lai) / A Montanha (Roberto Carlos e Erasmo Carlos)
8. Tarantela: Funiculi, Funiculá (Tradicional Napolitana)
9. Fado: Os Argonautas (Caetano Veloso) / Fado Tropical (Chico Buarque e Ruy Guerra)
10. Vira: O Vira (João Ricardo e Luli)